なにがでるかな？

王国(おうこく)シール

★わくわくシール★

じゆうに　つかって

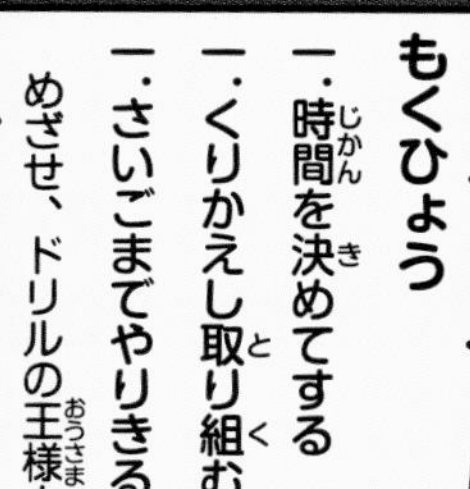

ドリル王子(おうじ)

いいかんじ！

ドリルの　おしろ

ドリルじい

★できたシール★

この　本の　さいごに　ある **がんばりひょう** に　すきな　シールを　はってね。うらないも　出て　くるよ。

- ……すてきな　ゆめが　みられるかも！
- ……たのしい　ことが　おこるよ！
- ……べんきょうを　がんばれるよ！
- ……あたらしい　はっけんが　あるよ！
- ……げんき　いっぱいに　なるよ！

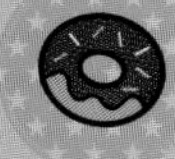

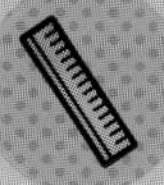

もくじ　3年の　漢字

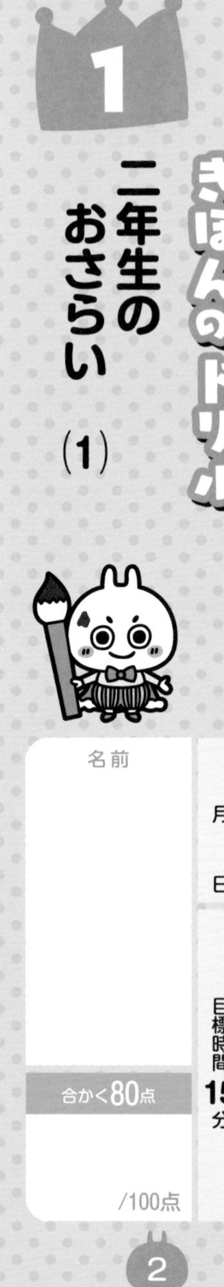

きほんのドリル

1 二年生のおさらい (1)

名前

月　日

目標時間（ひょう）15分

合かく80点

/100点

1 漢字（かん）の読みがなを書きなさい。 36点（一つ4）

① つなを 引（　）く。

② へやの 外（　）。

③ まぶしい 光（　）。

④ くだものを 売（　）る。

⑤ ふかい 谷（　）。

⑥ 学校へ 行（　）く。

⑦ この本は 新（　）しい。

⑧ すずしい 風（　）。

⑨ ぼくの 妹（　）。

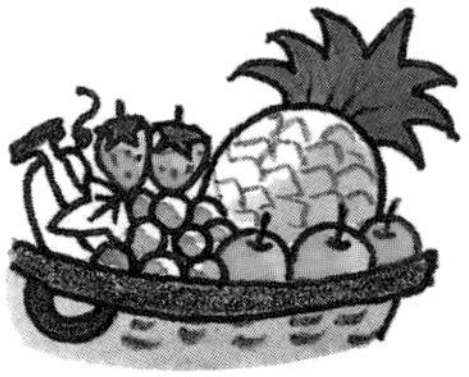

2 あてはまる漢字を書きなさい。 64点（一つ8）

① ゆっくり □（ある）く。

② □（かお）をあらう。

③ おじいさんの □（いえ）。

④ 右がわを □（とお）る。

⑤ ながれ □（ぼし）。

⑥ はさみで □（き）る。

⑦ はっきりと □（うた）う。

⑧ いすが □（まわ）る。

2 二年生のおさらい (2)

名前	月　日	目標時間 15分
合かく80点	/100点	

1 漢字の読みがなを書きなさい。　36点（一つ4）

① 二年三組の先生。（組）
② 力いっぱい走る。（走）
③ お寺のやね。（寺）
④ 教室のドア。（教室）
⑤ 会社はビルの中にある。（会社）
⑥ 力が弱い。（弱）
⑦ 犬の首わ。（首）
⑧ 雨の日が少ない。（少）
⑨ 休みの日が多い。（多）

2 あてはまる漢字を書きなさい。　64点（一つ8）

① あたたかい □（はる）。
② 花を □（か）う。
③ ひよこの □（な）き声。
④ □（と）だなのせいり。
⑤ 中学生の □（あね）。
⑥ おいしいやき □（にく）。
⑦ 大きな □（いわ）。
⑧ きれいな □（だい）どころ。

二年生のおさらい (3)

名前

月　日

目標時間 15分

合かく80点

/100点

1 漢字(かん)の読みがなを書きなさい。　36点(一つ4)

① そうじ 当番( ) になる。

② 半分( ) に分ける。

③ 来週( ) のよてい。

④ 計算( ) のれんしゅう。

⑤ 親友( ) ができた。

⑥ 音楽室( ) のピアノ。

⑦ 画用紙( ) をおる。

⑧ 遠足( ) のおべんとう。

⑨ 新聞( ) をわたす。

2 あてはまる漢字を書きなさい。　64点(一つ8)

① [ち｜ず] を見る。

② 大きな円の [ちゅう｜しん]。

③ 山に [まい｜にち] のぼる。

④ [き｜いろ] のぼうし。

⑤ たんぽぽの [の｜はら]。

⑥ [こく｜ご] の教科書。

⑦ 今日(きょう)の [ご｜ご] 三時。

⑧ [げん｜き] にあそぶ。

書いておぼえよう！

丁（2画）はねる
おん：チョウ（テイ）
言葉：一丁目（いっちょうめ）　包丁（ほうちょう）
部首：一（いち）
筆順：1 一　2 丁

化（4画）
おん：カ（ケ）
くん：ばける　ばかす
言葉：化学（かがく）　化け物（ばけもの）　人を化かす（ひとをばかす）
部首：匕（ひ）
筆順：1 ノ　2 イ　3 イ′　4 化

区（4画）とめる
おん：ク
言葉：地区（ちく）　区役所（くやくしょ）　区切り（くぎり）
部首：匚（かくしがまえ）
筆順：1 一　2 フ　3 ヌ　4 区

反（4画）つける
おん：ハン（ホン）（タン）
くん：そる　そらす
言葉：反対（はんたい）　反転（はんてん）　反る（そる）　体を反らす（からだをそらす）
部首：又（また）
筆順：1 一　2 厂　3 万　4 反

予（4画）小さく
おん：ヨ
言葉：予定（よてい）　予約（よやく）　予算（よさん）　予行（よこう）
部首：亅（はねぼう）
筆順：1 フ　2 マ　3 ヌ　4 予

1 読みがなを書いてから、なぞりなさい。　20点（一つ4）

①（　　　）一丁目
②（　　　）化学
③（　　　）区役所
④（　　　）反対
⑤（　　　）予算

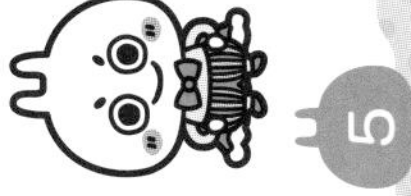

2 □にあてはまる漢字(かん)を書きなさい。

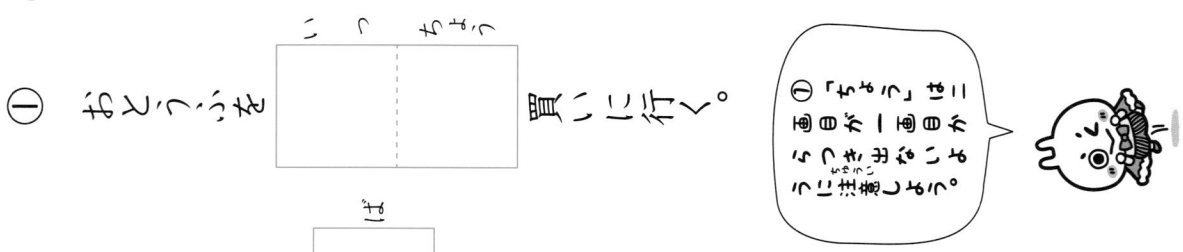

80点（一つ10）

① おとうふを□□（いっちょう）買いに行く。

② きつねは人を□（ば）かすと言われていた。

③ 人間の子どもに□（ば）けた、かわいい子ぎつね。

④ ノーベル□□（かがく）しょうをとった人。

⑤ 工場のある□□（ちく）から通う。

⑥ 体をぐっと□（そ）らして、空を見上げる。

⑦ 来たときと□（はん）対(たい)のホームから電車に乗(の)る。

☞p.25
☞p.47

⑧ 今月の□□（よさん）をたてる。

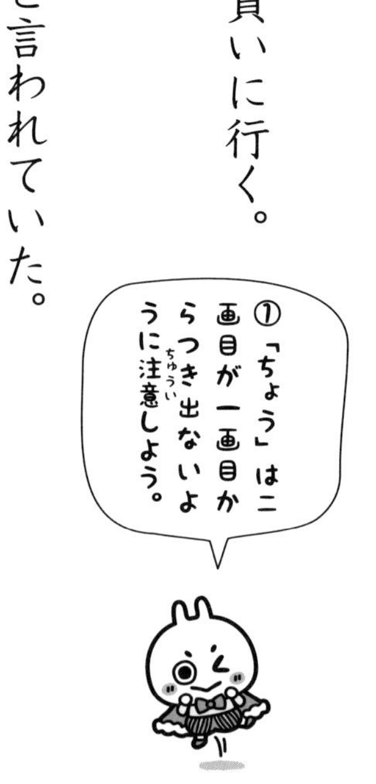

①「ちょう」は二画目が一画目からつき出ないように注意(ちゅうい)しよう。

② 「だれだれを……する」のときは、「ばかす」となります。
③ 「自分が……する」のときは、「ばける」です。

6

きほんのドリル

5

5画

央・去・号・写・主

月　日

目標時間 15分

名前

合かく80点

/100点

書いておぼえよう！

		言葉	部首	
央（まん中に）	おん：オウ	中央（ちゅうおう）	大（だい）	5画：1 丨 2 冂 3 口 4 央 5 央
去	おん：コ、キョ　くん：さる	去年（きょねん）　死去（しきょ）　過去（かこ）　去る（さる）　十日（とおか）	厶（む）	5画：1 一 2 十 3 土 4 去 5 去
号（つき出ない）	おん：ゴウ	記号（きごう）　番号（ばんごう）　号令（ごうれい）	口（くち）	5画：1 丨 2 冂 3 口 4 旦 5 号
写（はねる）	おん：シャ　くん：うつす、うつる	写真（しゃしん）　写生（しゃせい）　書き写す（かきうつす）　写る（うつる）	冖（わかんむり）	5画：1 ′ 2 冖 3 冖 4 写 5 写
主（まん中に）	おん：シュ、（ス）　くん：おも、ぬし	主人（しゅじん）　主役（しゅやく）　持ち主（もちぬし）　主な（おもな）　人々（ひとびと）	丶（てん）	5画：1 丶 2 亠 3 ㇐ 4 丰 5 主

1 読みがなを書いてから、なぞりなさい。

20点（一つ4）

① 中央（　　　　）

② 去年（　　　　）

③ 記号（　　　　）

④ 写生（　　　　）

⑤ 主人（　　　　）

80点（一つ10）

2 □にあてはまる漢字（かんじ）を書きなさい。

① 道の［ちゅうおう］にしるしをつける。

② 悪（あく）人をやっつけると、かれは［さ］っていった。 ☞p.65

③ ［きょねん］の夏より暑（あつ）いらしい。 ☞p.77

④ つくえに［ばんごう］をつけていく。

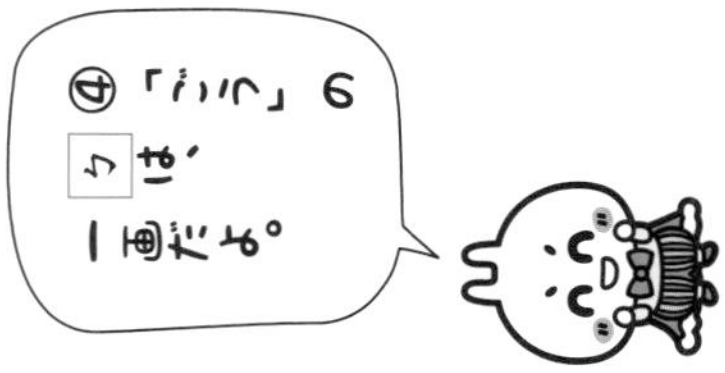

⑤ 新しいカメラでみんなを［うつ］す。

⑥ 今日（きょう）は外へ出て、うら山を［しゃせい］した。

⑦ 落（お）ちていたさいふの持（も）ち［ぬし］が見つかった。 ☞p.85 ☞p.45

⑧ 母が、店の［しゅじん］と話をしている。

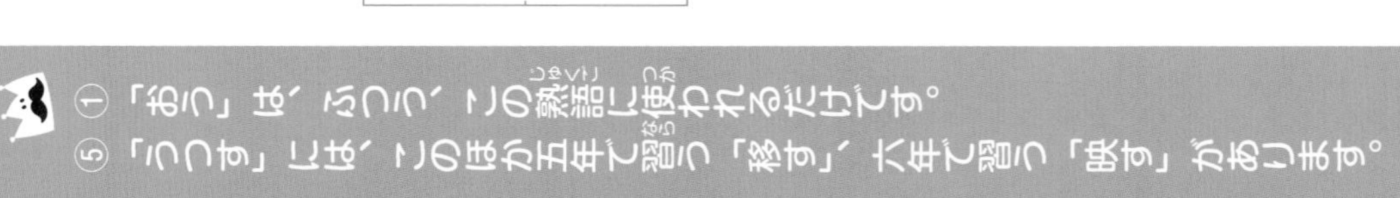

① 「おう」は、ふつう、この熟語（じゅくご）に使（つか）われるだけです。
⑤ 「うつす」には、このほか五年で習（なら）う「移す」、六年で習う「映す」があります。

5画 中・由・世・皮・氷

月　日　目標時間 15分

名前　　合かく80点　/100点

書いておぼえよう！

中（5画）
- おん：（シン）
- くん：もうす
- ←まん中に
- 言葉：申す（もうす）　申しこみ（もうしこみ）　申し上げる（もうしあげる）
- 部首：田（た）
- 書きじゅん：1 丨　2 冂　3 冃　4 日　5 申

由（5画）
- おん：ユ　ユウ　（ユイ）
- くん：（よし）
- ←出ない
- 言葉：由来（ゆらい）　理由（りゆう）　自由（じゆう）
- 部首：田（た）
- 書きじゅん：1 丨　2 冂　3 巾　4 由　5 由

世（5画）
- おん：セ　セイ
- くん：よ
- 言葉：永世（えいせい）　世界（せかい）　世話（せわ）　世の中（よのなか）
- 部首：一（いち）
- 書きじゅん：1 一　2 十　3 卄　4 丗　5 世

皮（5画）
- おん：ヒ
- くん：かわ
- はねる
- 言葉：皮肉（ひにく）　皮相（ひそう）　毛皮（けがわ）
- 部首：皮（けがわ）
- 書きじゅん：1 ノ　2 厂　3 广　4 皮　5 皮

氷（5画）
- おん：ヒョウ
- くん：こおり　（ひ）
- あける
- 言葉：氷河（ひょうが）　流氷（りゅうひょう）　氷水（こおりみず）　かき氷（ごおり）
- 部首：水（みず）
- 書きじゅん：1 亅　2 刁　3 刃　4 氵　5 氷

1 読みがなを書いてから、なぞりなさい。

20点（一つ4）

① 申す（　　）
② 理由（　　）
③ 世界（　　）
④ 毛皮（　　）
⑤ かき氷（　　）

2 □にあてはまる漢字(かん)を書きなさい。　80点（一つ10）

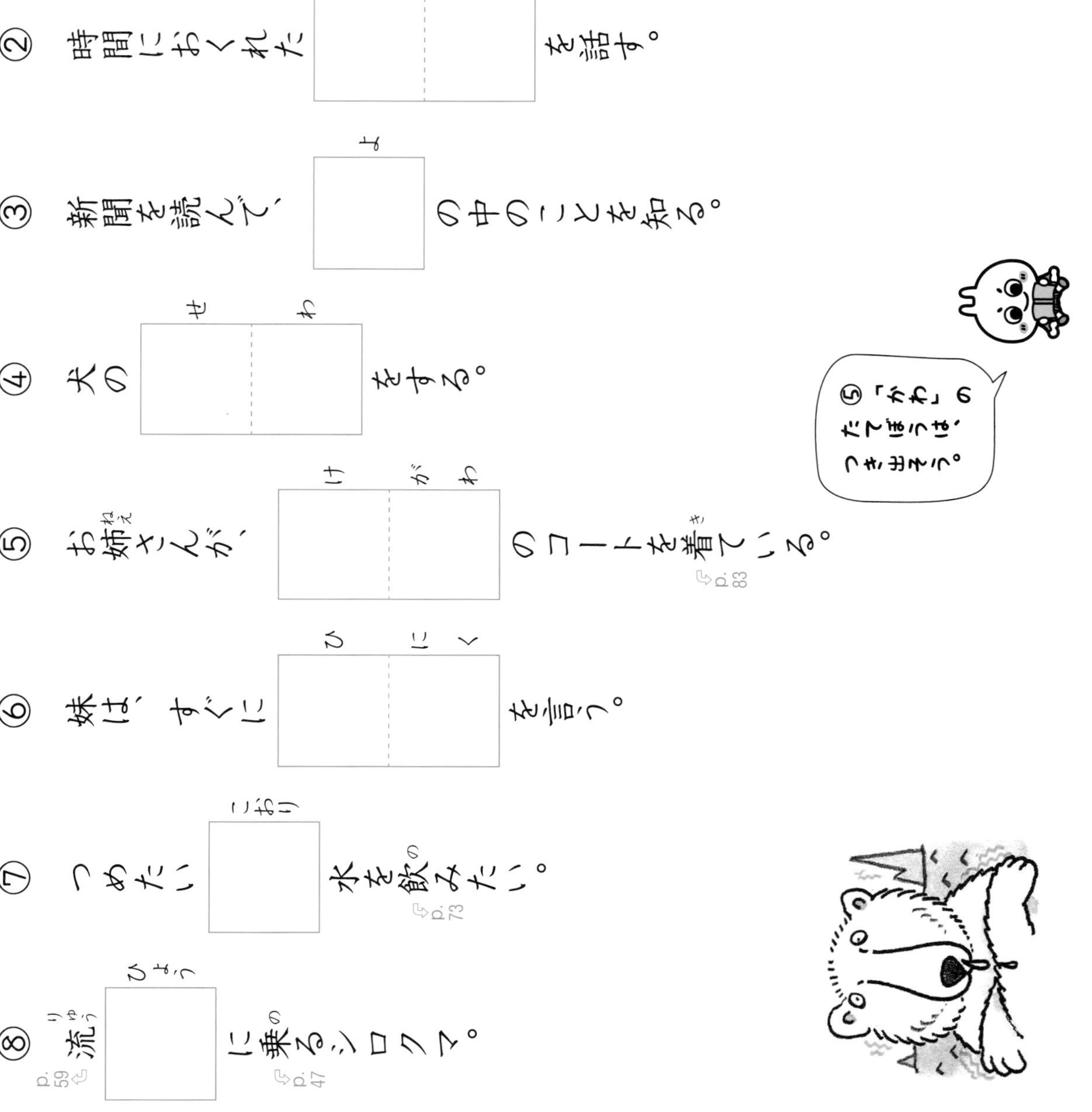

① 夏休みの旅(りょ)行の［もう］しこみをする。 ☞p.65

② 時間におくれた［りゆう］を話す。

③ 新聞を読んで、［よ］の中のことを知る。

④ 犬の［せわ］をする。

⑤ お姉(ねえ)さんが、［けがわ］のコートを着(き)ている。 ☞p.83

⑥ 妹は、すぐに［ひにく］を言う。

⑦ つめたい［こおり］水を飲(の)みたい。 ☞p.73

⑧ 流(りゅう)［ひょう］に乗(の)るシロクマ。 ☞p.59 ☞p.47

⑥「ひにく」とは、はっきり言わずに遠まわしに意地悪(いじわる)く言うことです。

きほんのドリル

7 5画 仕・他・代・打・礼

目標時間 15分　合かく80点　/100点

名前　月　日

書いておぼえよう！

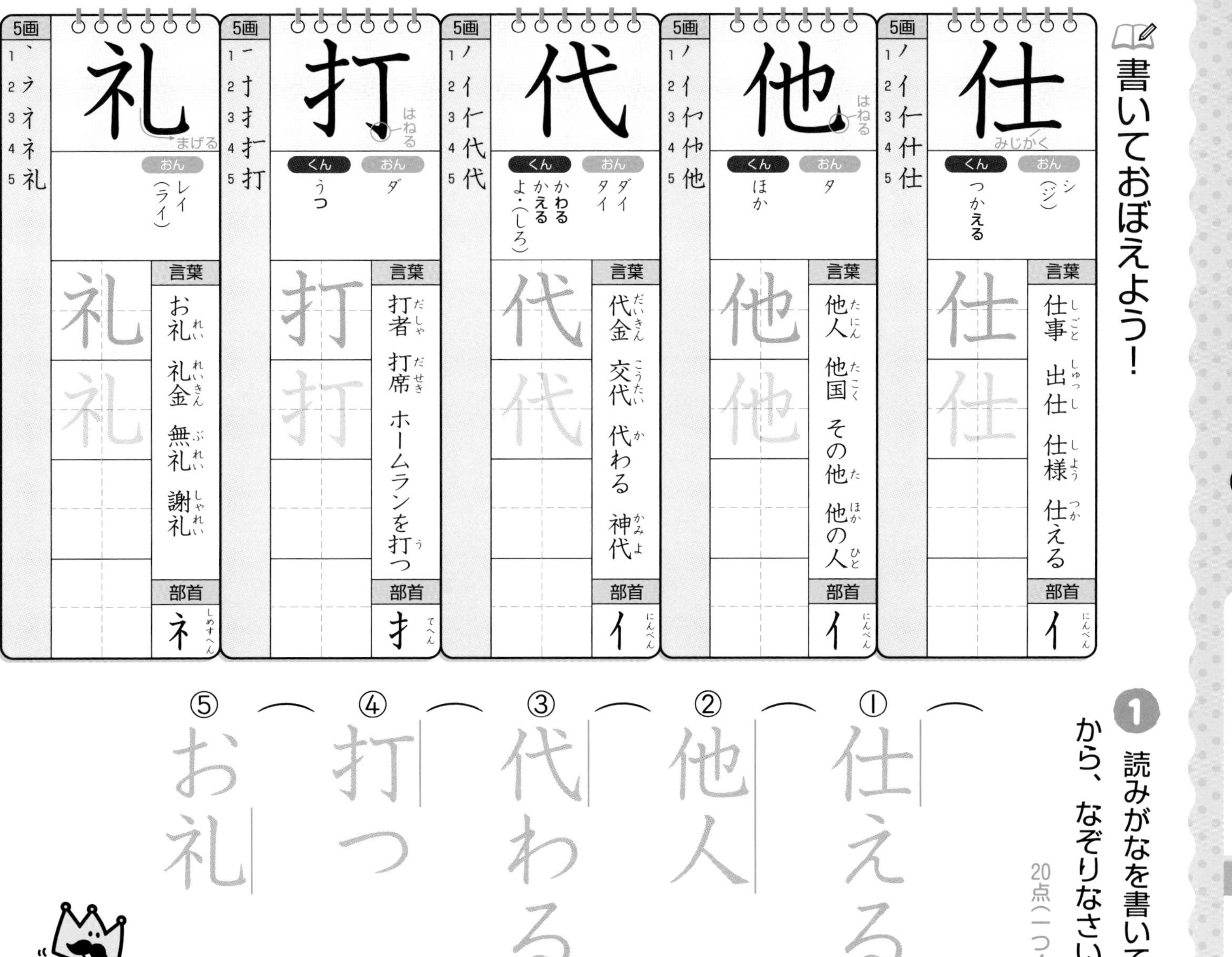

仕（5画）　おん：シ（ジ）　くん：つかえる
書き順：1 ノ　2 イ　3 仁　4 什　5 仕
言葉：仕事（しごと）　出仕（しゅっし）　仕様（しよう）　仕える（つかえる）
部首：亻（にんべん）

他（5画）　おん：タ　くん：ほか
書き順：1 ノ　2 イ　3 仂　4 仲　5 他
言葉：他人（たにん）　他国（たこく）　その他（た）　他の人（ほかのひと）
部首：亻（にんべん）

代（5画）　おん：ダイ・タイ　くん：かわる・かえる・よ・（しろ）
書き順：1 ノ　2 イ　3 仁　4 代　5 代
言葉：代金（だいきん）　交代（こうたい）　代わる（かわる）　神代（かみよ）
部首：亻（にんべん）

打（5画）　おん：ダ　くん：うつ
書き順：1 一　2 十　3 扌　4 打　5 打
言葉：打者（だしゃ）　打席（だせき）　ホームランを打つ（うつ）
部首：扌（てへん）

礼（5画）　おん：レイ（ライ）
書き順：1 丶　2 ラ　3 ネ　4 ネ　5 礼
言葉：お礼（おれい）　礼金（れいきん）　無礼（ぶれい）　謝礼（しゃれい）
部首：ネ（しめすへん）

1 読みがなを書いてから、なぞりなさい。　20点（一つ4）

①仕える（　　）
②他人（　　）
③代わる（　　）
④打つ（　　）
⑤お礼（　　）

2 □にあてはまる漢字を書きなさい。

① りっぱな王様におつか□えする。 ☞p.93

② 父の□し事は、消ぼうしだ。 ☞p.31 ☞p.59

③ 見た目はそっくりでも、赤の□□（たにん）だよ。

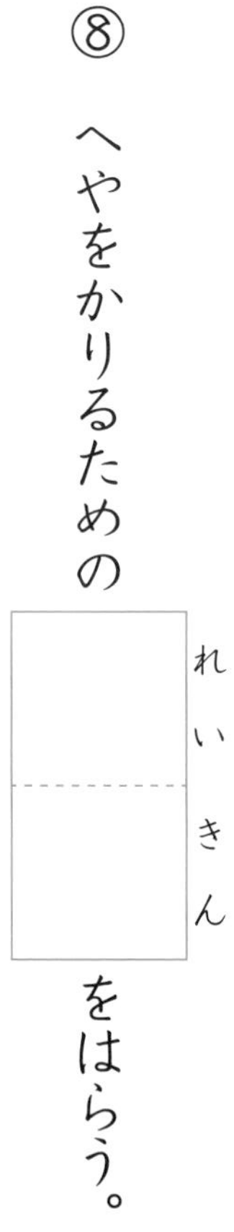

④ バッターが、すずき君に□（か）わる。 ☞p.21

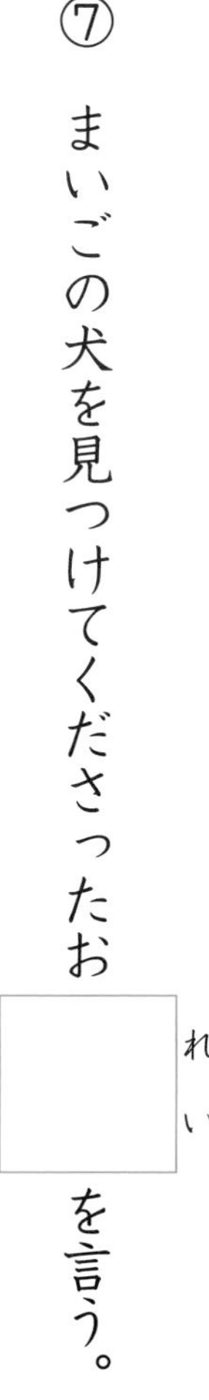

⑤ ピッチャーが□□（こうたい）する。

⑥ かならずホームランを□（う）つよ。

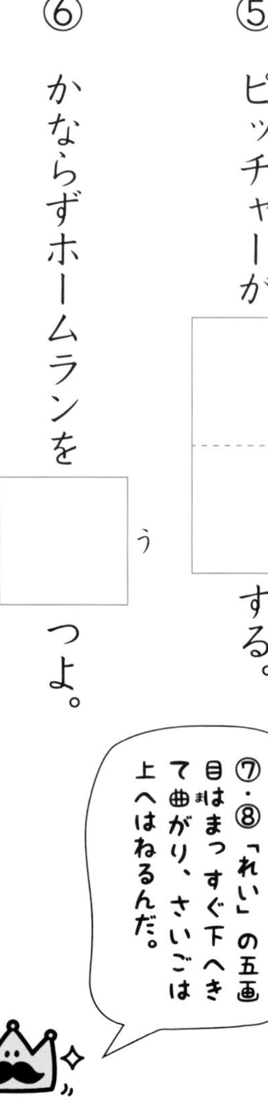

⑦・⑧「れい」の五画目はまっすぐ下へきて曲がり、さいごは上へはねるんだ。

⑦ まいごの犬を見つけてくださったお□（れい）を言う。

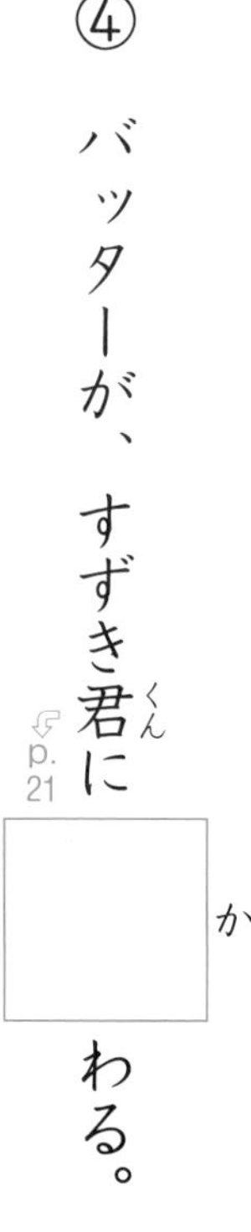

⑧ へやをかりるための□□（れいきん）をはらう。

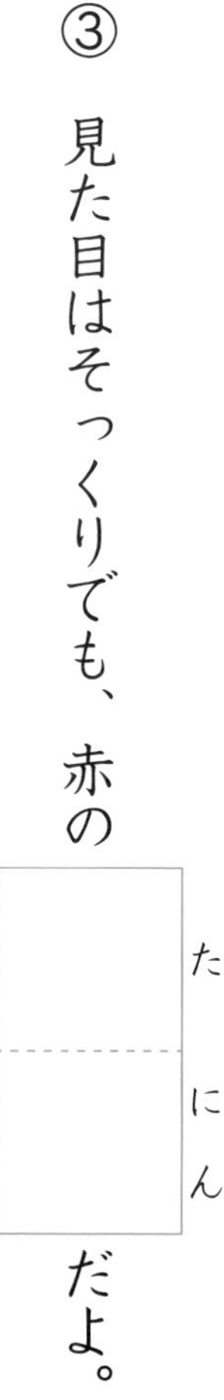

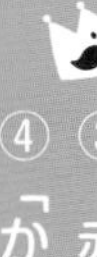

③「赤のたにん」は、まったく関係のない人という意味です。
④「かわる」には、このほか四年で習う「変わる」があります。

きほんのドリル 8

5画・6画

平・皿・血・曲・安

月　日　目標時間 15分

名前

合かく80点　/100点

書いておぼえよう！

平（5画）
- おん：ヘイ　ビョウ
- くん：たいら　ひら
- 言葉：水平　平等　平らな道　平たい面
- 部首：干（いちじゅう）

皿（5画）
- くん：さら
- 言葉：大きな皿　小皿
- 部首：皿（さら）

血（6画）
- おん：ケツ
- くん：ち
- 言葉：出血　血液　赤い血
- 部首：血（ち）

曲（6画）
- おん：キョク
- くん：まがる　まげる
- 言葉：名曲　作曲　曲がる　曲げる
- 部首：日（ひらび・いわく）

安（6画）
- おん：アン
- くん：やすい
- 言葉：安心　安全　不安　安物
- 部首：宀（うかんむり）

1 読みがなを書いてから、なぞりなさい。

20点（一つ4）

① 平ら（　　）

② 小皿（　　）

③ 出血（　　）

④ 曲がる（　　）

⑤ 安心（　　）

2 □にあてはまる漢字(かん)を書きなさい。

① 大きなローラーが、道を（たい）らにしていく。

② こぼれないよう、おぼんを（すいへい）に持(も)つ。 ☞p.45

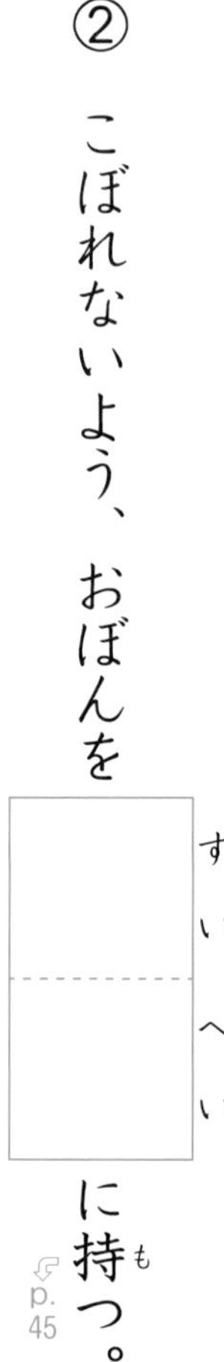

③ 大きな（さら）に、くだものがもってある。

④ すりむいたひざから（ち）がにじみ出た。

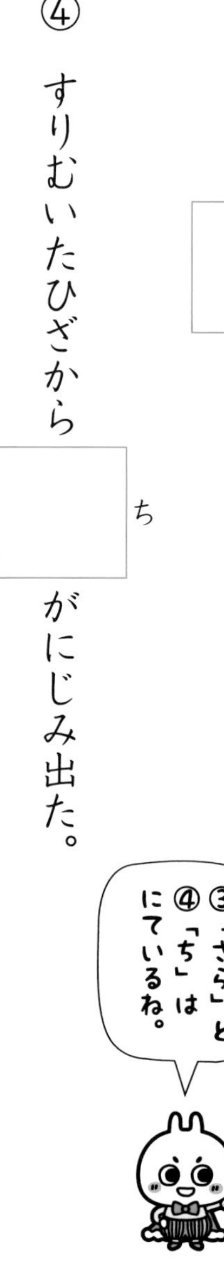

⑤ （しゅっけつ）がひどいので、手じゅつがひつようだ。

⑥ ひざを（ま）げたり、のばしたりする。

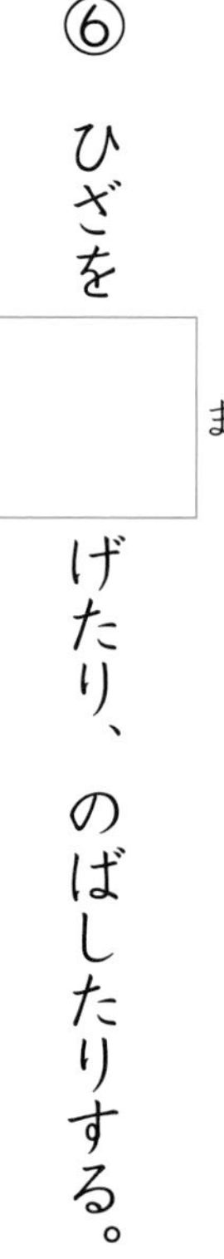

⑦ 歌がすきな兄は、たくさんの（めいきょく）を知っている。

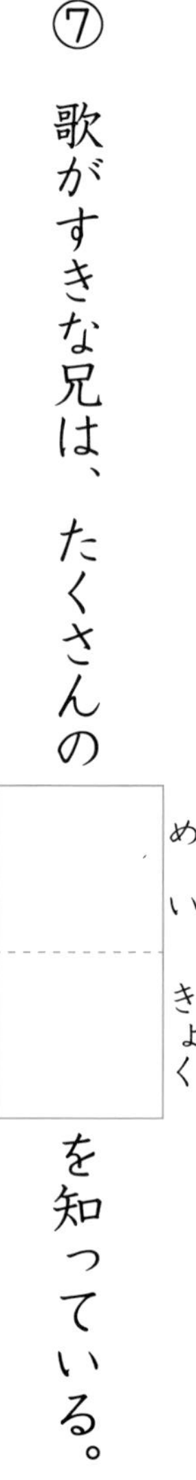

⑧ 今日(きょう)は、お肉の（やすう）りの日だ。

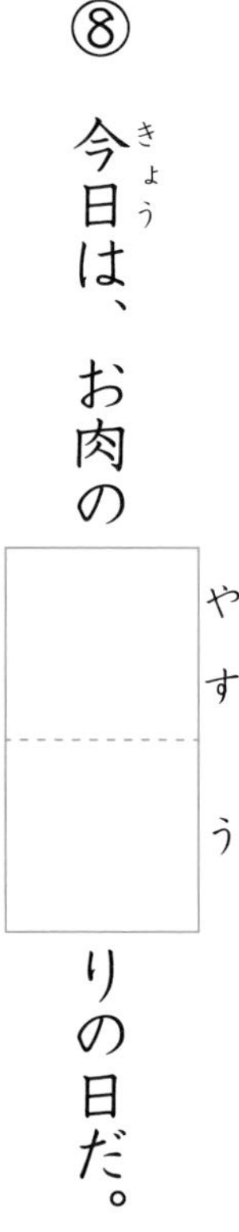

② 「すいへい」は、上がり下がりがなく、かたむいていない様子(ようす)を表(あらわ)します。
⑦ 「めいきょく」は、すぐれた楽きょくのことです。

名前
月
日
目標時間 20分
合かく80点
/100点

9 まとめのテスト1

1 ――の漢字の読みがなを書きなさい。 48点（一つ4）

① 三丁目は、子どもの多い地区だ。

② ざっしの二号目が、今日出る。

③ きれいな皿を画用紙に写生する。

④ しいく係になりたいと申し出る。

⑤ 子どもたちは、スマートフォンになれた世代である。

⑥ 夏には、つめたい氷を食べたい。

⑦ 道を教えてもらい、礼を言う。

⑧ 台風がすぎて、もう安心だ。

⑨ 足を打って、ひざから血がにじみ出る。

2 □にあてはまる漢字を書きなさい。

52点（一つ4）

① こわいお□(ば)けの話をする。

② らんぼうなやり方に□(はん)対する。

③ この町の□□(ちゅうおう)にある図書館。

④ この国を□(さ)ることにした。

⑤ 見たこともない□□(たにん)にあいさつされた。

⑥ りんごの□(かわ)をむいて、□(さら)にもる。

⑦ めし使いが、□□(しゅじん)に□(つか)える。

⑧ ぼくらは□(へい)和な□(よ)の中に生きている。

⑨ □□(じゆう)に、すきな□(きょく)をえらんできく。

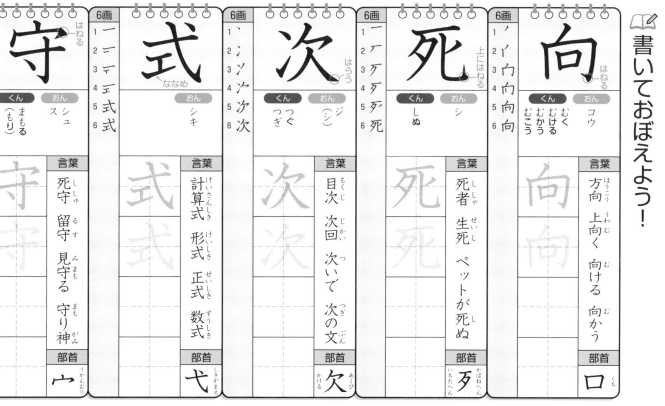

10 きほんのドリル

6画 向・死・次・式・守

月　日　目標時間15分　名前　合かく80点　/100点

書いておぼえよう！

向（6画）　はねる
おん：コウ
くん：むく　むける　むかう　むこう
言葉：方向（ほうこう）　上向く（うわむく）　向ける（むける）　向かう（むかう）
部首：口（くち）
筆順：丿 ｲ 门 冂 向 向

死（6画）　上にはねる
おん：シ
くん：しぬ
言葉：死者（ししゃ）　生死（せいし）　ペットが死ぬ（しぬ）
部首：歹（かばねへん・いちたへん）
筆順：一 厂 歹 歹 歹 死

次（6画）　はらう
おん：ジ（シ）
くん：つぐ　つぎ
言葉：目次（もくじ）　次回（じかい）　次いで（ついで）　次の文（つぎのぶん）
部首：欠（あくび・かける）
筆順：丶 冫 冫 冫 次 次

式（6画）　ななめ
おん：シキ
言葉：計算式（けいさんしき）　形式（けいしき）　正式（せいしき）　数式（すうしき）
部首：弋（しきがまえ）
筆順：一 二 亍 三 式 式

守（6画）　はねる
おん：シュ　ス
くん：まもる（もり）
言葉：死守（ししゅ）　留守（るす）　見守る（みまもる）　守り神（まもりがみ）
部首：宀（うかんむり）
筆順：丶 丷 宀 宀 守 守

1 読みがなを書いてから、なぞりなさい。　20点（一つ4）

①方向（　　）
②生死（　　）
③次回（　　）
④計算式（　　）
⑤見守る（　　）

2 □にあてはまる漢字を書きなさい。

80点（一つ10）

① □(む)こうの山は、雪をかぶっている。

② 東の□□(ほうこう)に進むとよい。 p.69

③ かわいがっていたインコが□(し)んだ。

④ 田中さんの□(つぎ)は、わたしだ。

⑤ 教科書の□□(もくじ)を見る。

⑥ 黒板の正しい p.37 □□□(けいさんしき)を写す。 p.7

⑦ 母親ライオンは、子どもを□□(みまも)っている。

⑧ ゴールキーパーは、ゴールを□□(ししゅ)した。

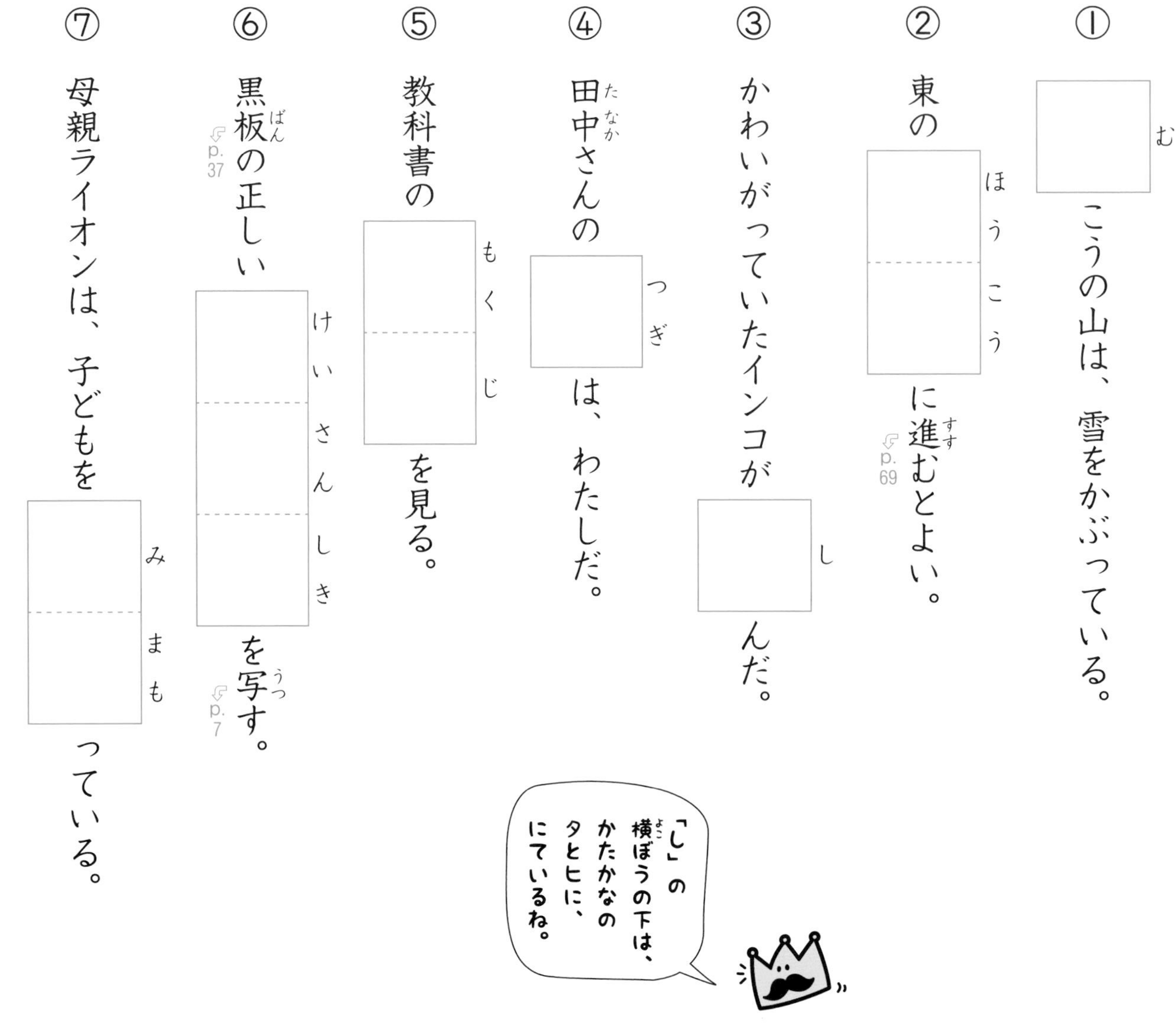

② 「ほうこう」は、○○の「ほう」の「むき」という意味です。
④ 「つぎ」は、時間や順序などが、すぐあとという意味です。

きほんのドリル 11

6画　州・全・有・羊・両

目標時間（ひょうじかん）15分

合かく80点　／100点

名前

月　日

書いておぼえよう！

州（6画）
筆順：1 丶 2 丿 3 ⺌ 4 州 5 州 6 州
おん：シュウ　くん：（す）
言葉：九州（きゅうしゅう）　本州（ほんしゅう）
部首：川（かわ）

全（6画）
筆順：1 ノ 2 𠆢 3 亼 4 仐 5 仝 6 全
おん：ゼン　くん：まったく・すべて
言葉：全然（ぜんぜん）　全体（ぜんたい）　全く（まったく）知（し）らない　全て（すべて）
部首：入（いる）

有（6画）（はねる）
筆順：1 ノ 2 ナ 3 冇 4 有 5 有 6 有
おん：ユウ・（ウ）　くん：ある
言葉：有名（ゆうめい）　所有（しょゆう）　有り金（ありがね）　有り余る（ありあまる）
部首：月（つき）

羊（6画）（長く）
筆順：1 丶 2 丷 3 䒑 4 兰 5 兰 6 羊
おん：ヨウ　くん：ひつじ
言葉：羊毛（ようもう）　牧羊犬（ぼくようけん）　白い羊（しろいひつじ）　子羊（こひつじ）
部首：羊（ひつじ）

両（6画）（はねる）
筆順：1 一 2 丁 3 冂 4 丙 5 両 6 両
おん：リョウ
言葉：両手（りょうて）　両方（りょうほう）　両立（りょうりつ）　車両（しゃりょう）
部首：一（いち）

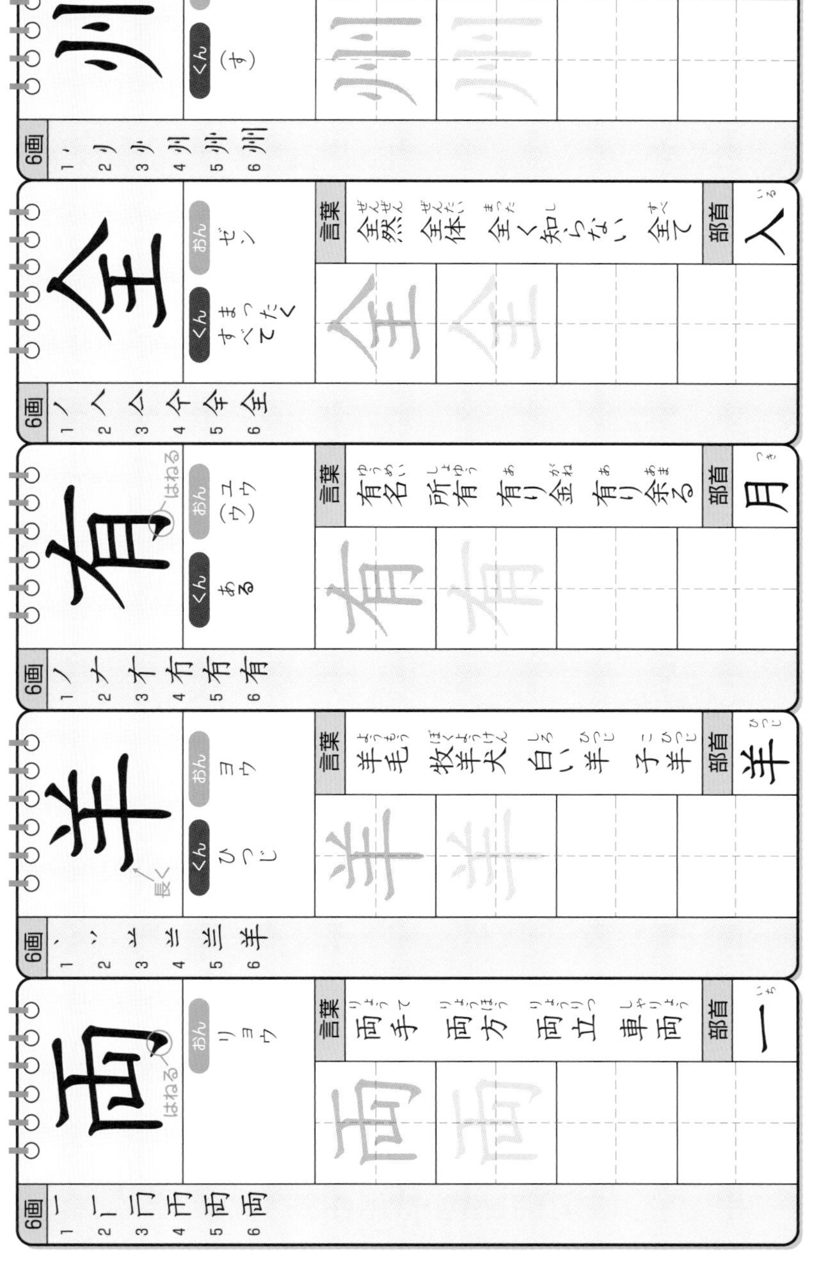

1 読みがなを書いてから、なぞりなさい。　20点（一つ4）

① 九州（　　　）
② 全体（　　　）
③ 有名（　　　）
④ 羊毛（　　　）
⑤ 両方（　　　）

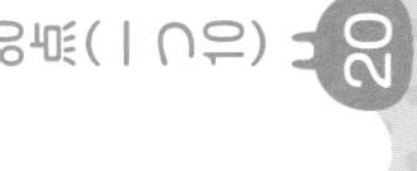

2 □にあてはまる漢字(かん)を書きなさい。

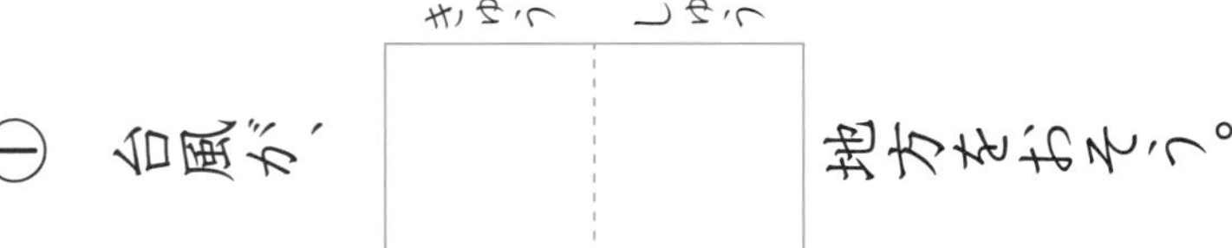
① 台風が、□□(きゅうしゅう)地方をおそう。

② その町の名は、□(まった)く聞いたこともない。

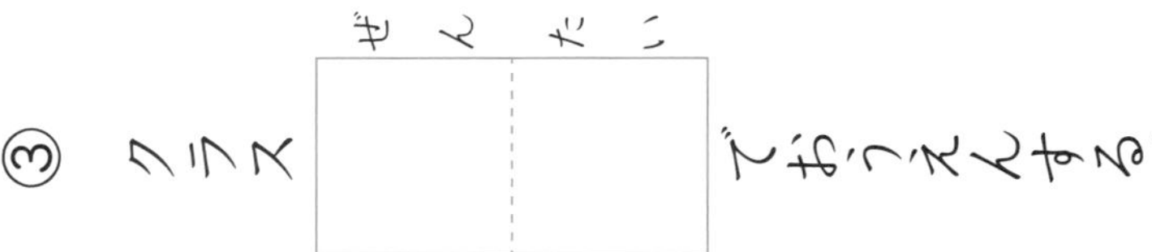
③ クラス□□(ぜんたい)でおうえんする。

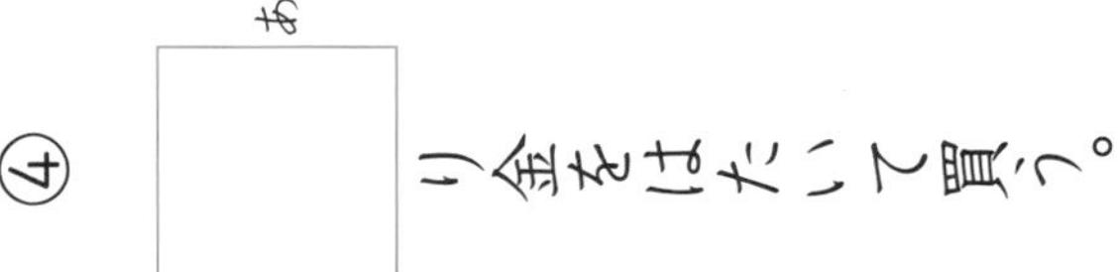
④ □(あ)り金をはたいて買う。

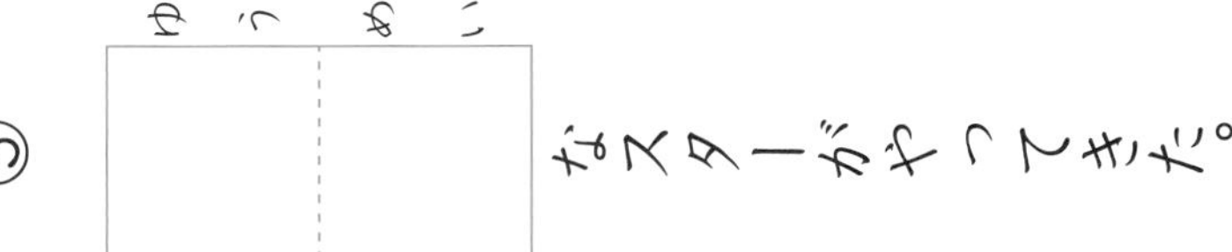
⑤ □□(ゆうめい)なスターがやってきた。

⑥ □(ひつじ)を育(そだ)てる。 ☞p.29

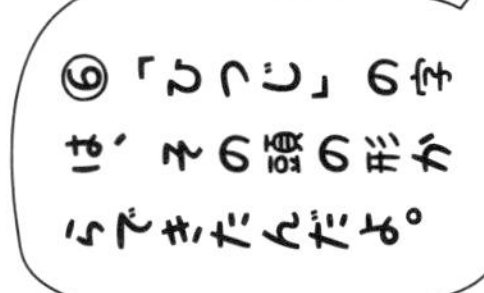

⑥「ひつじ」の字
は、その頭の形か
らできたんだよ。

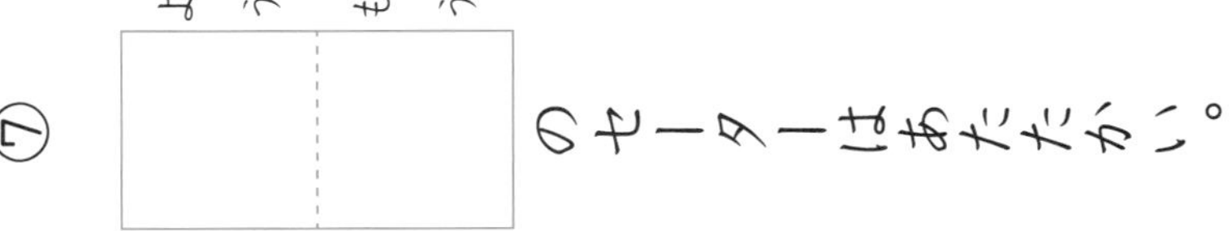
⑦ □□(ようもう)のセーターはあたたかい。

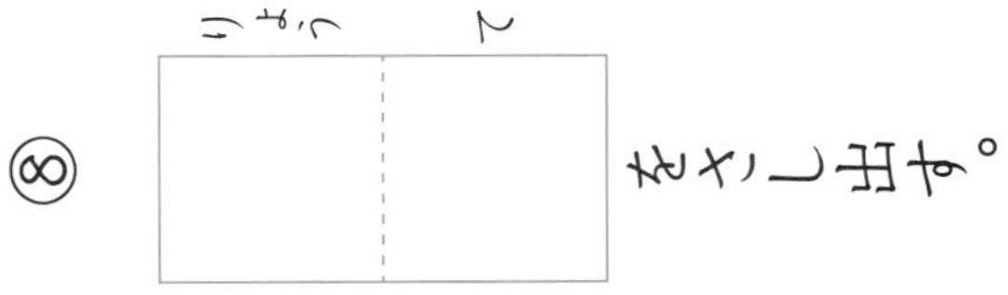
⑧ □□(りょうて)をさし出す。

② 「まったく……ない」は、「ぜんぜん……ない」と同じ意味(いみ)です。
⑦ 「ようもう」や「ようもう」の織物(おりもの)のことを、ウールといいます。

12 きほんのドリル

6画・7画

列・医・究・局・君

目標時間 15分　合かく80点　/100点

名前　　月　　日

書いておぼえよう！

列（6画）　はねる

おん：レツ

筆順：一 ア ア 歹 歹 列

言葉：列車（れっしゃ）　列島（れっとう）　行列（ぎょうれつ）　参列（さんれつ）

部首：刂（りっとう）

医（7画）

おん：イ

筆順：一 ア ア 巨 矢 医 医

言葉：医者（いしゃ）　医学（いがく）　医院（いいん）　名医（めいい）

部首：匚（かくしがまえ）

究（7画）　上にはねる

おん：キュウ　くん：（きわめる）

筆順：丶 丶 宀 穴 穴 究 究

言葉：研究（けんきゅう）　究明（きゅうめい）　追究（ついきゅう）

部首：穴（あなかんむり）

局（7画）

おん：キョク

筆順：フ コ 尸 月 局 局 局

言葉：薬局（やっきょく）　放送局（ほうそうきょく）　テレビ局（きょく）

部首：尸（かばね・しかばね）

君（7画）　ななめ

おん：クン　くん：きみ

筆順：フ ヨ ヨ 尹 尹 君 君

言葉：ひろし君（くん）　君主（くんしゅ）　父君（ちちぎみ）

部首：口（くち）

1 読みがなを書いてから、なぞりなさい。　20点（一つ4）

①列車（　　）　②医者（　　）　③究明（　　）　④薬局（　　）　⑤君主（　　）

80点（一つ10）

2 □にあてはまる漢字（かんじ）を書きなさい。

① ありの［ぎょう｜れつ］を見つけた。

② 夜行［れっ｜しゃ］に乗（の）ってみたい。 ☞p.47

③ 石田（いしだ）先生は、［めい｜い］とひょうばんの人だ。

④ 兄は、［い｜がく］の道をえらんだ。

⑤ 地しんのなぞを［きゅう｜めい］する。

⑥ テレビ［きょく］の見学に行った。

⑦ ひろし［くん］の家で遊（あそ）ぶ。 ☞p.85

⑧ おじさんが、「［きみ］は、どこの子かな。」とたずねた。

⑤「きゅう」の部首（ぶ）は、うかんむりではなく、あなかんむりだよ。

③「い」は、左側（がわ）から下に曲（ま）がる線をひと筆（ふで）で書きます。
⑤「きゅうめい」は、物事（ものごと）をとことんつきつめて、あきらかにすることです。

13 きほんのドリル

7画 決・坂・返・住・助

目標時間 15分　合かく80点　/100点

名前　月　日

書いておぼえよう！

決（7画）
おん：ケツ
くん：きめる、きまる
言葉：決心（けっしん）　取り決め（とりきめ）　決まり（きまり）
部首：氵（さんずい）
筆順：1 丶 2 冫 3 氵 4 氵 5 汀 6 決 7 決

坂（7画）
おん：（ハン）
くん：さか
言葉：坂道（さかみち）　上り坂（のぼりざか）
部首：土（つちへん）
筆順：1 一 2 十 3 土 4 圢 5 圻 6 坂 7 坂
（ななめ）

返（7画）
おん：ヘン
くん：かえす、かえる
言葉：返答（へんとう）　本を返す（ほんをかえす）　ふり返る（ふりかえる）
部首：辶（しんにょう・しんにゅう）
筆順：1 一 2 厂 3 万 4 反 5 㳄 6 返 7 返

住（7画）
おん：ジュウ
くん：すむ、すまう
言葉：住所（じゅうしょ）　住人（じゅうにん）　町に住む（まちにすむ）　住まい（すまい）
部首：亻（にんべん）
筆順：1 ノ 2 亻 3 亻 4 仁 5 仁 6 住 7 住
（あける）

助（7画）
おん：ジョ
くん：たすける、たすかる、（すけ）
言葉：助手（じょしゅ）　助力（じょりょく）　人助け（ひとだすけ）　助かる（たすかる）
部首：力（ちから）
筆順：1 丨 2 冂 3 月 4 目 5 且 6 助 7 助
（ななめ）

1 読みがなを書いてから、なぞりなさい。　20点（一つ4）

①（　　）決まり

②（　　）坂道

③（　　）返答

④（　　）住まい

⑤（　　）助手

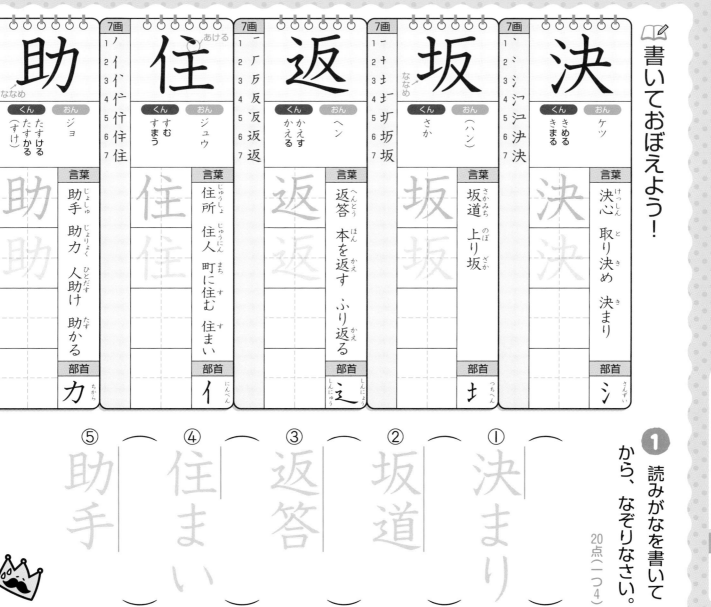

2 □にあてはまる漢字(かん)を書きなさい。

80点(一つ10)

① 遠足の行き先を、みんなで□(き)める。

② よく考えてから行くことを□□(けっしん)した。

③ □□(さかみち)を上るのは、つかれる。

④ おこのみやきを、ひっくり□(かえ)す。

⑤ 何度(ど)よんでも、□□(へんとう)がない。 ☞p.49

⑥ おじいさんも、一しょに□(す)む。

⑦ 新しい□(じゅう)所(しょ)に送(おく)る。 ☞p.35 ☞p.49

⑧ おぼれた人を□(たす)ける。

⑥は人が「すむ」だから、人にかん係(けい)する部首(ぶ)がついているんだね。

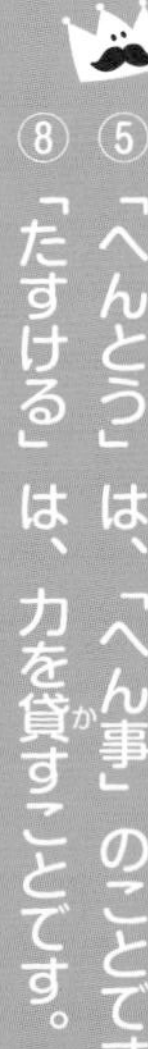
⑤「へんとう」は、「へん事(じ)」のことです。
⑧「たすける」は、力を貸(か)すことです。

14 きほんのドリル

7画 身・対・投・役・豆

名前　月　日　目標時間 15分　合かく80点　/100点

書いておぼえよう！

身（出ない）
- 7画：1 ノ　2 ｲ　3 门　4 月　5 自　6 身　7 身
- おん：シン
- くん：み
- 言葉：身体（しんたい）　全身（ぜんしん）　身近（みぢか）　身元（みもと）
- 部首：身（み）

対（はねる）
- 7画：1 丶　2 亠　3 ナ　4 文　5 文　6 対　7 対
- おん：タイ（ツイ）
- 言葉：対話（たいわ）　反対（はんたい）　対立（たいりつ）　対等（たいとう）
- 部首：寸（すん）

投（上にはねる）
- 7画：1 一　2 寸　3 扌　4 扌　5 扩　6 投　7 投
- おん：トウ
- くん：なげる
- 言葉：投手（とうしゅ）　投書（とうしょ）　ボールを投（な）げる
- 部首：扌（てへん）

役
- 7画：1 ノ　2 ク　3 彳　4 彳　5 彳　6 役　7 役
- おん：ヤク（エキ）
- 言葉：役人（やくにん）　役所（やくしょ）　役目（やくめ）　主役（しゅやく）
- 部首：彳（ぎょうにんべん）

豆（長く）
- 7画：1 一　2 厂　3 冖　4 日　5 戸　6 豆　7 豆
- おん：トウ　ズ
- くん：まめ
- 言葉：大豆（だいず）　豆（まめ）つぶ　そら豆（まめ）　枝豆（えだまめ）
- 部首：豆（まめ）

1 読みがなを書いてから、なぞりなさい。　20点（一つ4）

① 身体（　　）
② 反対（　　）
③ 投げる（　　）
④ 役人（　　）
⑤ 豆つぶ（　　）

80点（一つ10）

2 □にあてはまる漢字を書きなさい。

① □（みぢか）に起こった出来事について書こう。 ☞p.57 ☞p.31

② 明日は、□（しんたい）けんさがある。

③ 読書週間に□（たい）して思うことを作文に書く。

④ 新人□（とうしゅ）が大活やくした。

⑤ 海に向かって小石を□（な）げる。 ☞p.17

⑥ 当番の□（やくめ）についてせつ明する。

⑦ 「ジャックと□（まめ）のつる」の本を読む。

⑧ とうふは、□（だいず）をもとにして作る。

④「とう」にも⑥「やく」にも殳（るまた）の形がついているけど、部首じゃないよ。

① 「みぢか」は、自分の「み」に「ちかい」ところ、の意味です。
⑧ 「ず」と読むのは、このほかに地名で「伊豆」があります。

15 まとめのテスト2

名前　月　日　目標時間20分　合かく80点　/100点

1 ――の漢字の読みがなを書きなさい。　48点(一つ4)

① 一組の歌が終わり、次いで二組のげきが始まった。

② お母さんの調理の助手をする。

③ 自分の身をしっかり守ることが大切だ。

④ さくら前線が本州を北へ上っていく。

⑤ 兄の考えと対立する。

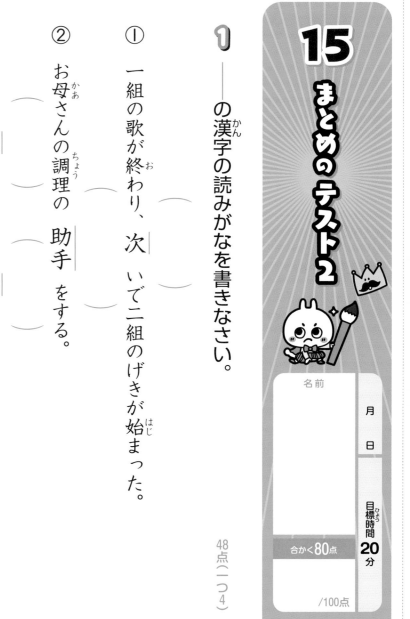

⑥ 山田先生は、うちの学校の校医だ。

⑦ テレビ局に向かう。

⑧ 式のじゅん番を決める。

⑨ せつぶんに豆をみんなで食べる。

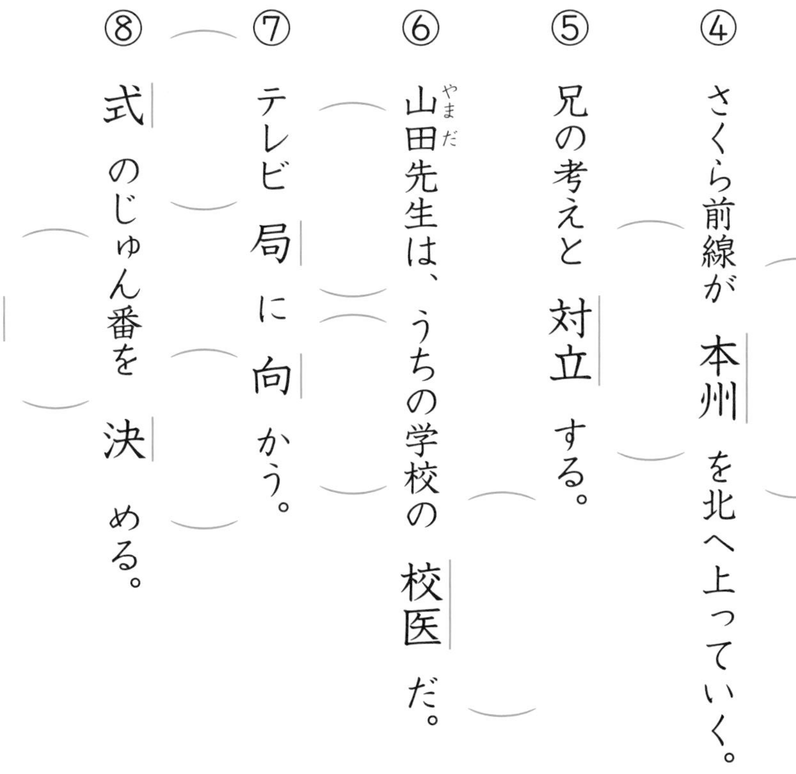

2 □にあてはまる漢字(かん)を書きなさい。

52点(一つ4)

① 雪山のそうなん者(しゃ)の□□(せいし)は、まだわからない。

② □□(ぜんこく)でも□□(ゆうめい)なお米だそうだ。

③ □□(りょうあし)とも、くつずれができた。

④ □□(ようもう)のおり物(もの)をウールという。

⑤ □(きみ)は、右の□(れつ)にならびなさい。

⑥ 森のはたらきを研(けん)□(きゅう)する。

⑦ かれは、あの□(さか)の上に□(す)んでいる。

⑧ ボールを□(な)げ□(かえ)す。

⑨ げきで、おじぞうさんの□(やく)をする。

16 きほんのドリル

8画 委・育・岸・苦・幸

名前 月 日 目標時間15分 合かく80点 /100点

書いておぼえよう！

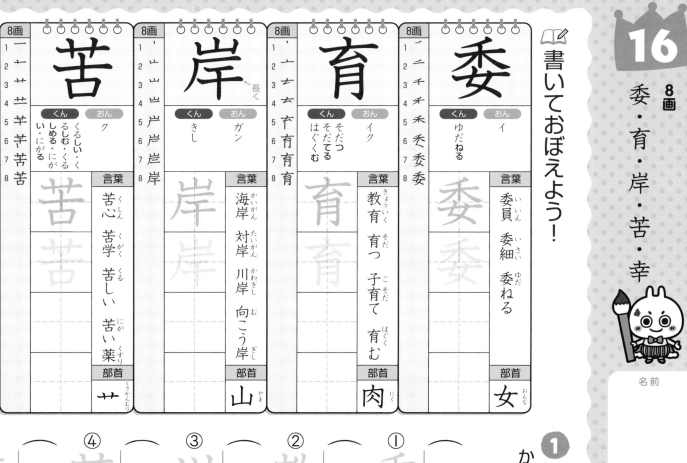

委（8画）
おん：イ　くん：ゆだねる
言葉：委員（いいん）　委細（いさい）　委ねる（ゆだねる）
部首：女（おんな）
筆順：一 二 千 禾 禾 秂 委 委

育（8画）
おん：イク　くん：そだつ・そだてる・はぐくむ
言葉：教育（きょういく）　育つ（そだつ）　子育て（こそだて）　育む（はぐくむ）
部首：肉（にく）
筆順：丶 亠 亡 云 产 育 育 育

岸（8画）
おん：ガン　くん：きし
言葉：海岸（かいがん）　対岸（たいがん）　川岸（かわぎし）　向こう岸（むこうぎし）
部首：山（やま）
筆順：丨 山 山 屵 屵 岸 岸 岸

苦（8画）
おん：ク　くん：くるしい・くるしむ・くるしめる・にがい・にがる
言葉：苦心（くしん）　苦学（くがく）　苦しい（くるしい）　苦い薬（にがいくすり）
部首：艹（くさかんむり）
筆順：一 十 艹 艹 芏 苎 苦 苦

幸（8画）
おん：コウ　くん：さいわい・（さち）・しあわせ
言葉：幸運（こううん）　不幸（ふこう）　幸い（さいわい）　幸せな人（しあわせなひと）
部首：干（いちじゅう／かん）
筆順：一 十 土 土 夫 去 幸 幸

1 読みがなを書いてから、なぞりなさい。 20点（一つ4）

①（　）委員
②（　）教育
③（　）川岸
④（　）苦しい
⑤（　）幸い

2 □にあてはまる漢字（かんじ）を書きなさい。

① 出来事（ごと）の［いさい］を校長先生につたえる。（☞p.31）

② ひよこを［そだ］てる。

③ 家庭（てい）での［きょういく］が大切だ。（☞p.61）

④ 向（む）こうの［きし］にハクチョウがいる。（☞p.17）

⑤ ［かいがん］にそって、たくさんのビルがならぶ。

⑥ このこな薬（ぐすり）は、［にが］い。（☞p.97）

⑦ ［くしん］して、こったりょう理を作る。

⑧ ［さいわ］い今日（きょう）は、よい天気になった。

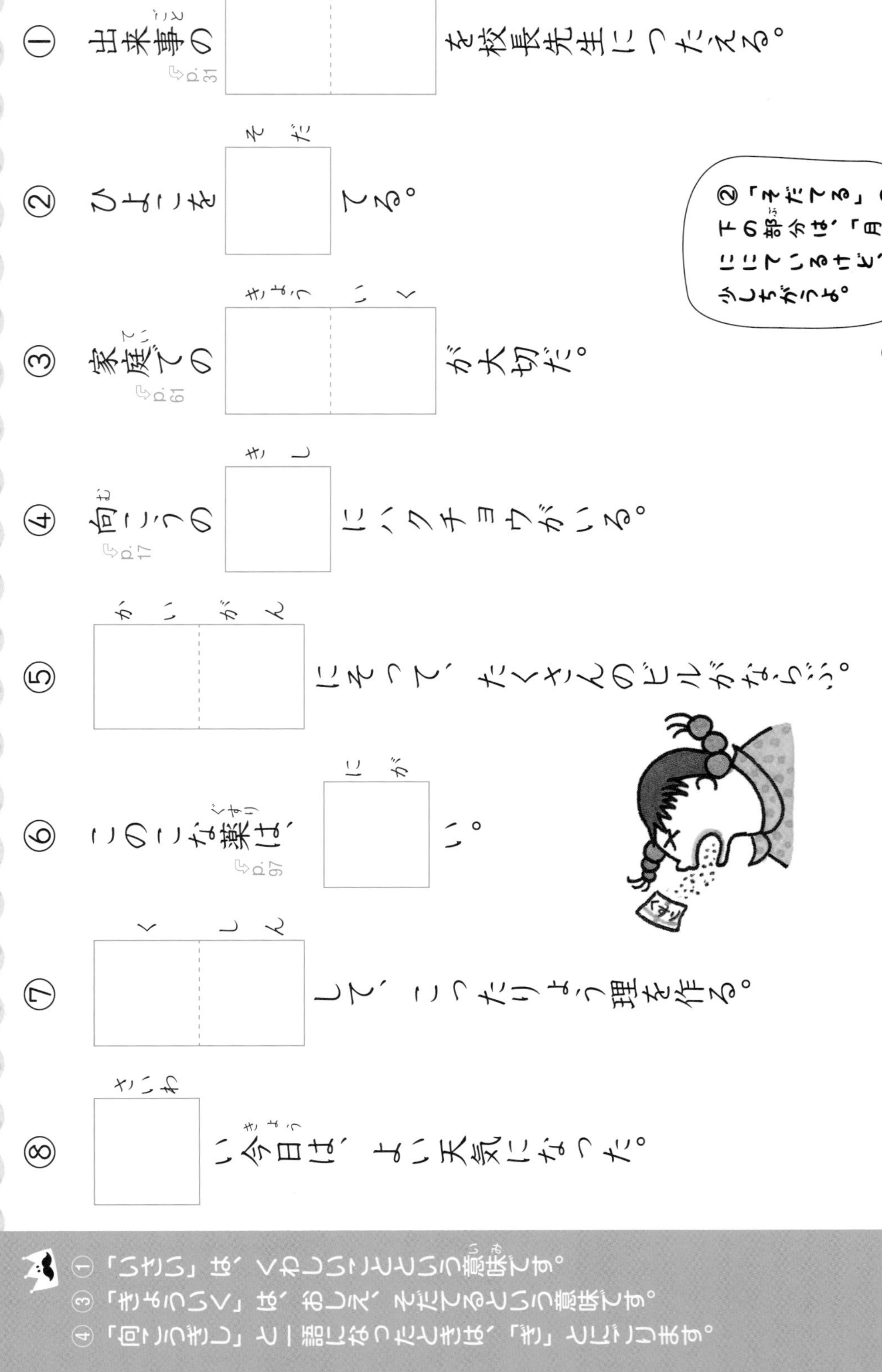

②「そだてる」の下の部（ぶ）分は、「月」ににているけど、少しちがうよ。

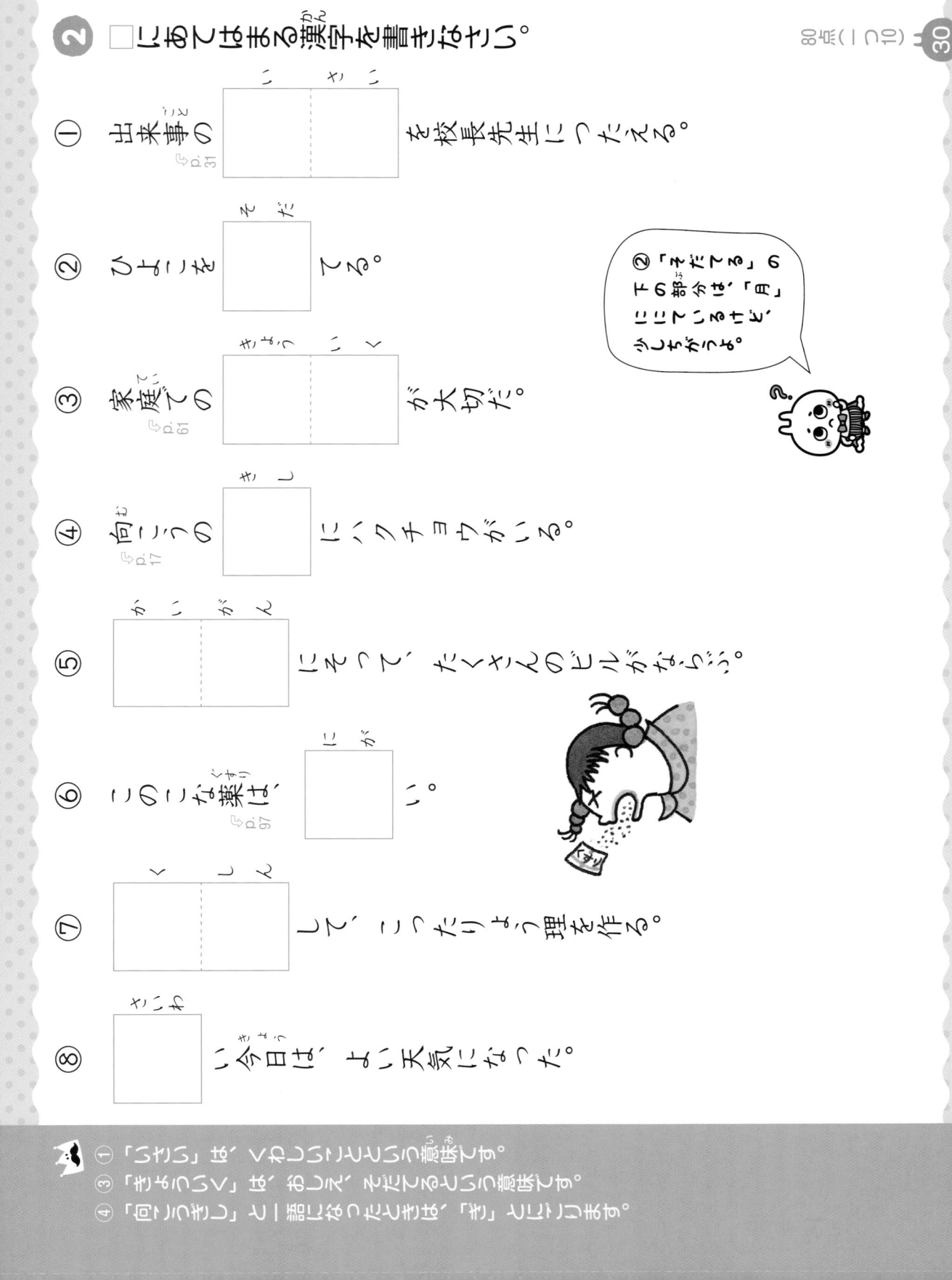

① 「いさい」は、くわしいことという意味（いみ）です。
③ 「きょういく」は、おしえ、そだてるという意味です。
④ 「向こうぎし」と一語になったときは、「ぎ」とにごります。

8画 具・使・始・事・実

月　日　目標時間 15分

名前

合かく80点　/100点

書いておぼえよう！

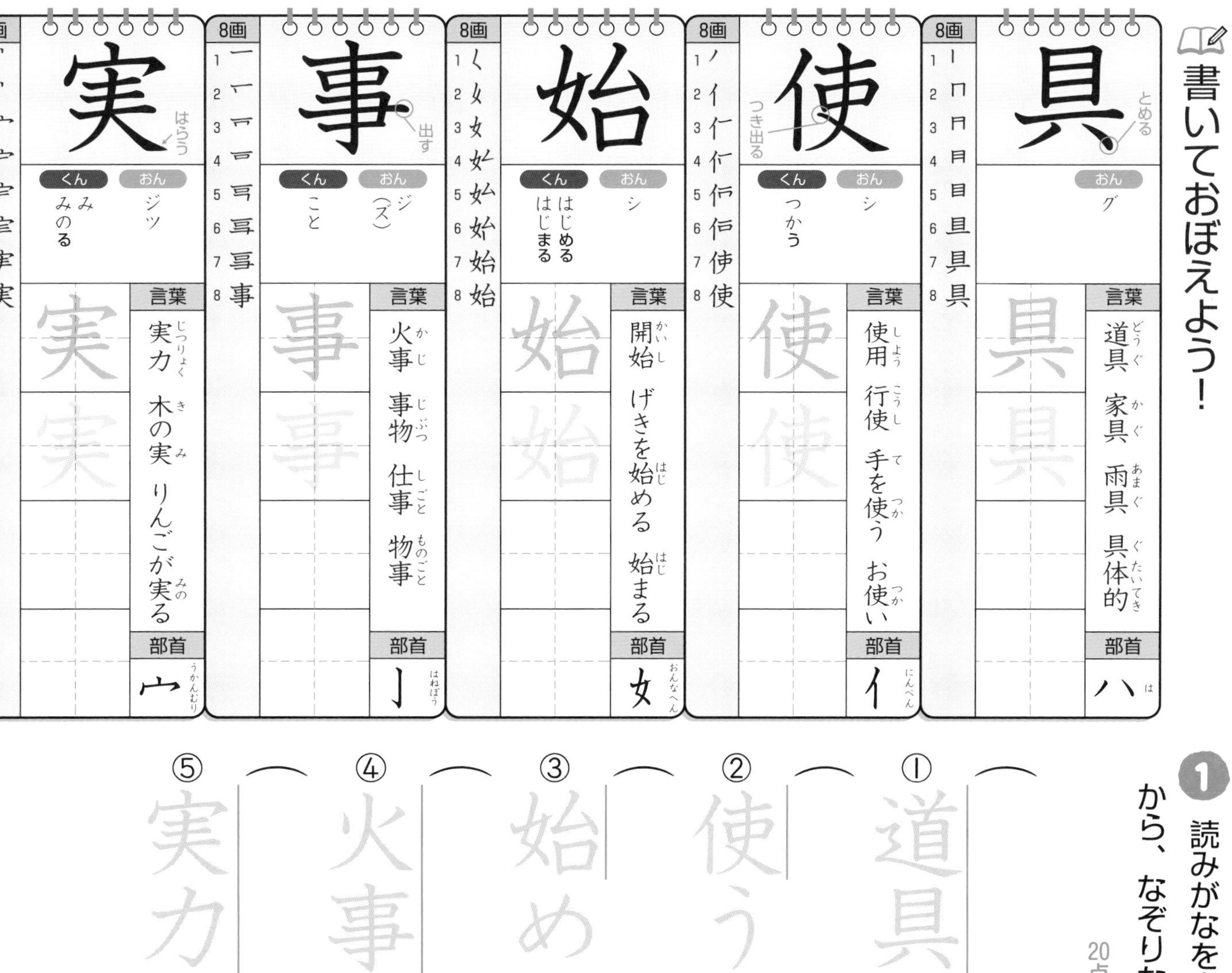

1 読みがなを書いてから、なぞりなさい。　20点（一つ4）

① 道具（　　）

② 使う（　　）

③ 始める（　　）

④ 火事（　　）

⑤ 実力（　　）

2 □にあてはまる漢字を書きなさい。

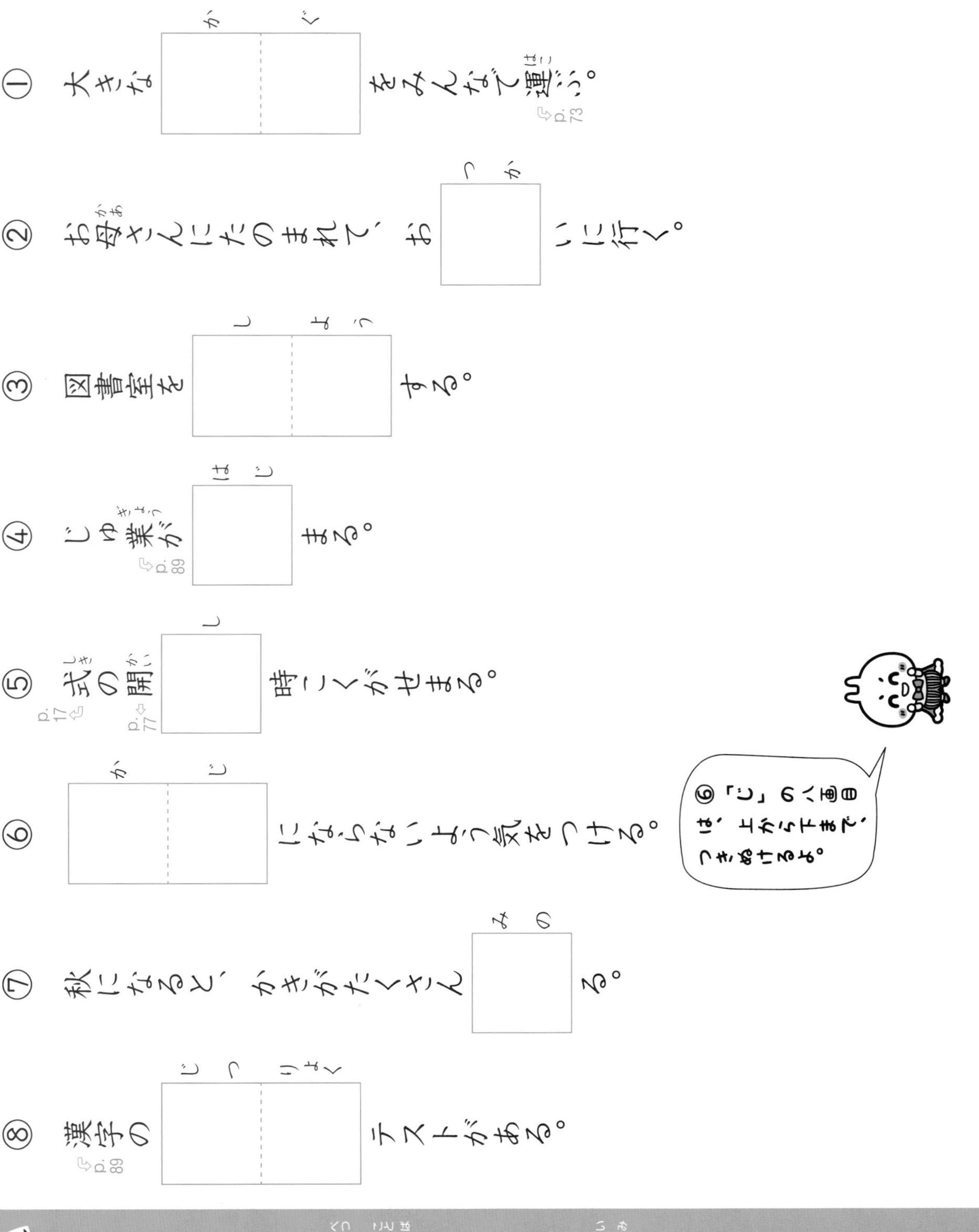

① 大きな［かぐ］をみんなで運ぶ。 ☞p.73

② お母さんにたのまれて、お［つか］いに行く。

③ 図書室を［しよう］する。

④ じゅ業が［はじ］まる。 ☞p.89

⑤ 式の開［し］時こくがせまる。 ☞p.17 ☞p.77

⑥ ［かじ］にならないよう気をつける。

⑦ 秋になると、かきがたくさん［みの］る。

⑧ 漢字の［じつりょく］テストがある。 ☞p.89

⑥「かじ」は「家じ」という別の言葉もあるので、文の意味を考えましょう。
⑧「ちから」が「みの」って「じつりょく」になるのです。

18 きほんのドリル

8画

者・昔・取・受・定

名前

月　日

目標時間 15分

合かく80点

/100点

書いておぼえよう！

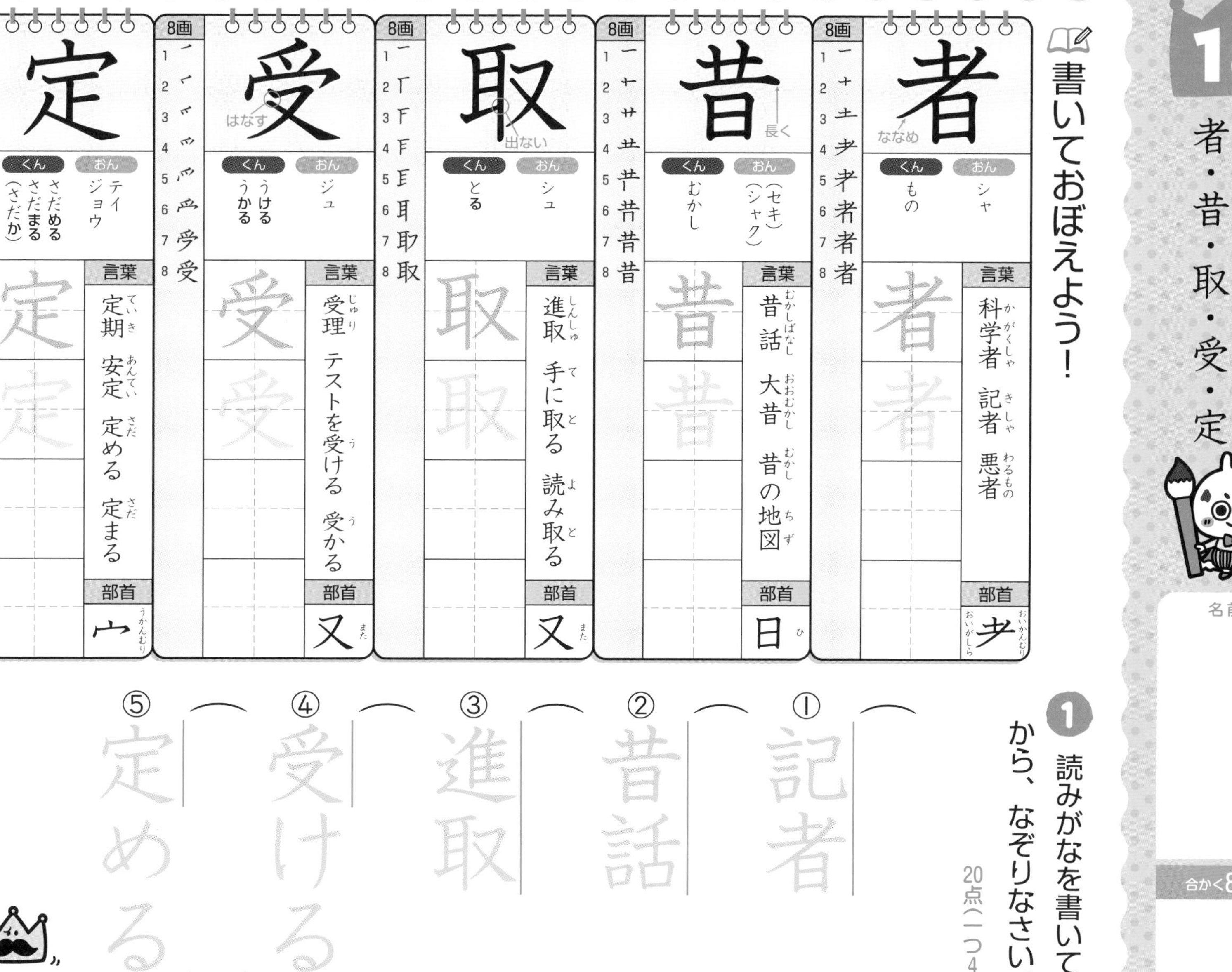

1 読みがなを書いてから、なぞりなさい。 20点（一つ4）

① 記者（　　）

② 昔話（　　）

③ 進取（　　）

④ 受ける（　　）

⑤ 定める（　　）

2 □にあてはまる漢字(かん)を書きなさい。

80点(一つ10)

① 悪(わる)□(もの)をつかまえる。 p.65

② うちゅうのなぞをさぐる□□□(かがくしゃ)たち。

③ □(むかし)の言いつたえを守(まも)る。 p.17

④ 文章(しょう)をしっかりと読み□(と)る。 p.69

⑤ 漢字のテストを□(う)ける。 p.89

⑥ 申(もう)しこみ書を□□(じゅり)する。 p.9

⑦ 国のけんぽうを□(さだ)める。

⑧ 父は、バスの□(てい)期(き)けんを買った。 p.77

④「とる」の左がわの「みみ」の部(ぶ)分の五画目は、つき出ないよ。

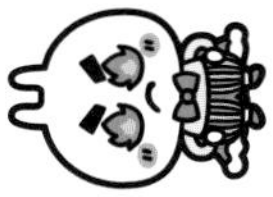

⑥「じゅり」は、書類(しょるい)などをうけとることです。
⑦「けんぽう」は、国の政治(せいじ)のもっとも基本(きほん)となる考えをしめした、きまりのことです。

19 きほんのドリル

8画 所・泳・注・波・油

月 日

目標時間 15分

名前

合かく80点 /100点

書いておぼえよう！

所（8画）
おん：ショ
くん：ところ
言葉：長所（ちょうしょ）　近所（きんじょ）　台所（だいどころ）　住む所（すむところ）
部首：戸（と）
1 一　2 ㇇　3 ヨ　4 戸　5 戸　6 所　7 所　8 所

泳（8画）　まげる
おん：エイ
くん：およぐ
言葉：水泳（すいえい）　泳力（えいりょく）　海で泳ぐ（うみでおよぐ）　平泳ぎ（ひらおよぎ）
部首：氵（さんずい）
1 丶　2 冫　3 氵　4 氵　5 汀　6 汈　7 泳　8 泳

注（8画）　はなす
おん：チュウ
くん：そそぐ
言葉：注目（ちゅうもく）　注意（ちゅうい）　力を注ぐ（ちからをそそぐ）
部首：氵（さんずい）
1 丶　2 冫　3 氵　4 氵　5 氵　6 汁　7 汢　8 注

波（8画）　はねる
おん：ハ
くん：なみ
言葉：波動（はどう）　音波（おんぱ）　波乗り（なみのり）　波風（なみかぜ）
部首：氵（さんずい）
1 丶　2 冫　3 氵　4 氵　5 沪　6 沪　7 涉　8 波

油（8画）
おん：ユ
くん：あぶら
言葉：油田（ゆでん）　石油（せきゆ）　油絵（あぶらえ）　なたね油（なたねあぶら）
部首：氵（さんずい）
1 丶　2 冫　3 氵　4 氵　5 汩　6 油　7 油　8 油

1 読みがなを書いてから、なぞりなさい。 20点（一つ4）

①（　　）長所

②（　　）水泳

③（　　）注目

④（　　）波乗り

⑤（　　）石油

2 □にあてはまる漢字を書きなさい。

① □□(だいどころ)をそうじする。

② □□(きんじょ)に、大きなスーパーがたつ。

③ プールで□(およ)ぐ練習をする。
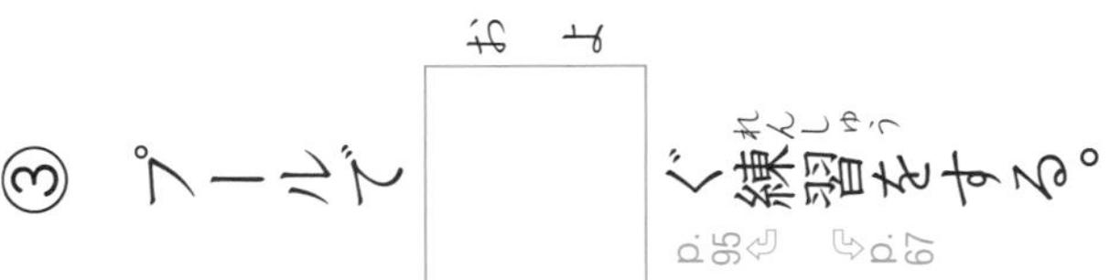
p.95 ☞p.67

④ コップに、水を□(そそ)ぐ。
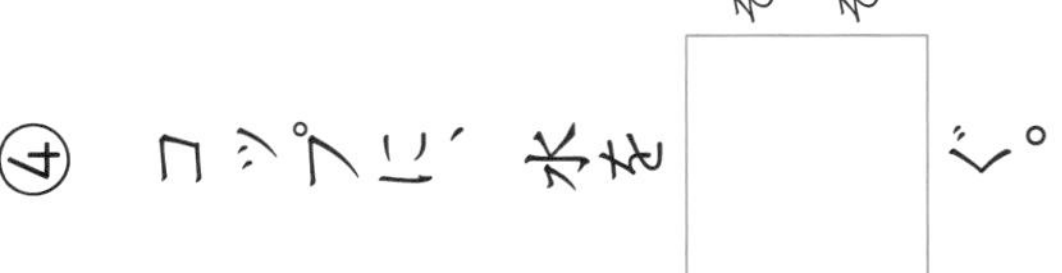

⑤ みんなの□□(ちゅうもく)をあびる。
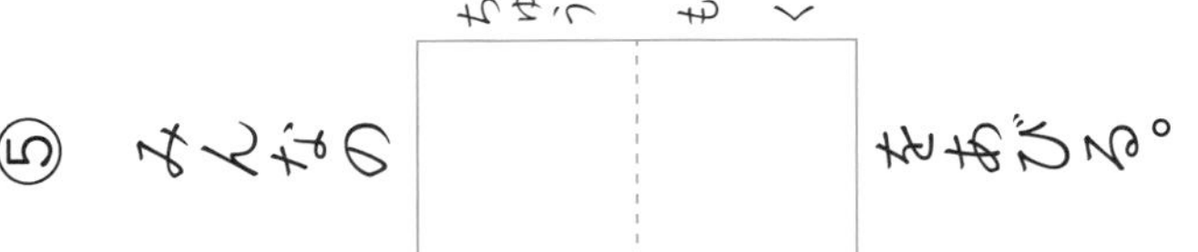

⑥ 大きな□(なみ)をかぶる。
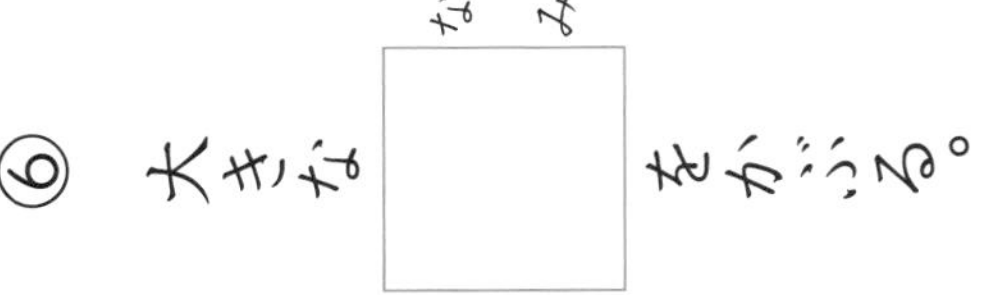

⑦ さつまいもを□(あぶら)であげる。
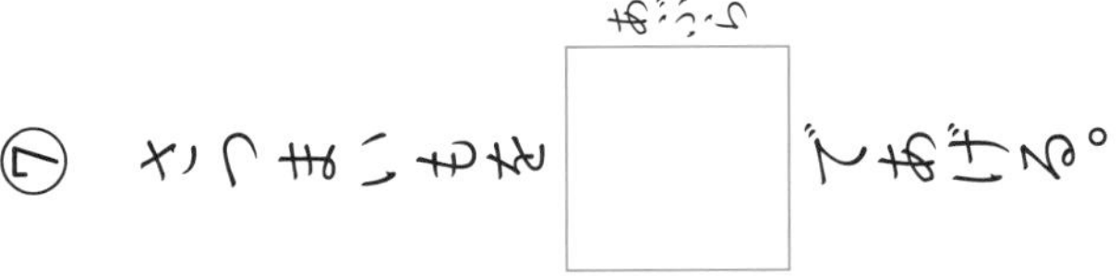

⑧ □□(せきゆ)のねだんが上がる。
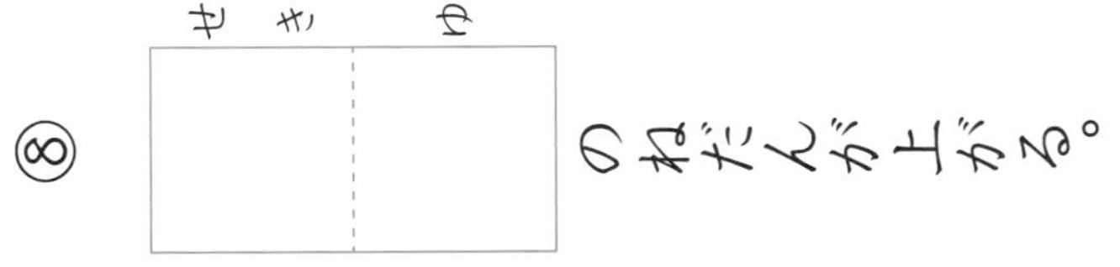

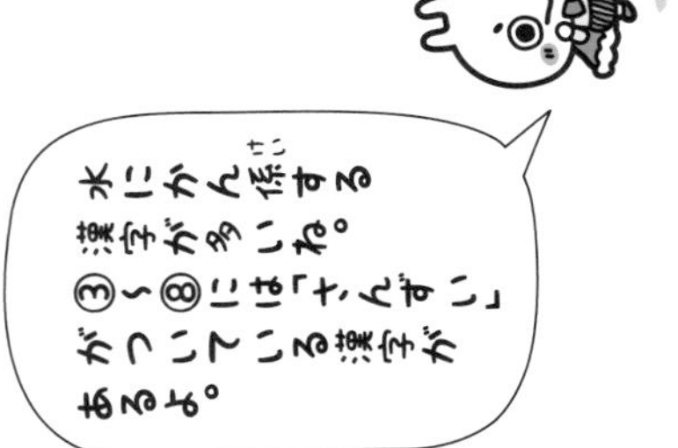

⑤「ちゅうもく」は、「め」をあるところに「そそ」ぐ、じっと見る、という意味です。

20 きほんのドリル

8画 板・表・服・物・放

名前　月　日　目標時間 15分　合かく80点　/100点

書いておぼえよう！

板（8画）
くん：いた
おん：ハン、バン
言葉：鉄板（てっぱん）、黒板（こくばん）、木の板（きのいた）、板の間（いたのま）
部首：木（きへん）

表（8画）
くん：おもて、あらわす、あらわれる
おん：ヒョウ
言葉：表面（ひょうめん）、家の表（いえのおもて）、表す（あらわす）、表れる（あらわれる）
部首：衣（ころも）

服（8画）
おん：フク
言葉：衣服（いふく）、洋服（ようふく）、服を着る（ふくをきる）
部首：月（つきへん）

物（8画）
くん：もの
おん：ブツ、モツ
言葉：物体（ぶったい）、作物（さくもつ）、物語（ものがたり）、品物（しなもの）
部首：牛（うしへん）

放（8画）
くん：はなす、はなつ、はなれる、ほうる
おん：ホウ
言葉：放送（ほうそう）、魚を放す（さかなをはなす）、放つ（はなつ）、放れる（はなれる）
部首：攵（のぶん／ぼくづくり）

1 読みがなを書いてから、なぞりなさい。　20点（一つ4）

①黒板（　　）
②表す（　　）
③洋服（　　）
④物語（　　）
⑤放れる（　　）

② □にあてはまる漢字を書きなさい。

80点（一つ10）

① 台風にそなえて、まどに□（いた）を打ちつけた。 ☞p.11

② 先生が□□（こくばん）にだるまの絵をかいた。

③ 家の□（おもて）をそうじする。

④ 自分の気持ちが顔に□（あらわ）れる。 ☞p.45

⑤ 新しい□（ふく）を買う。

⑥ うちゅうをぼうけんする□□（ものがたり）を読む。

⑦ ふしぎな□□（ぶったい）を見つける。

⑧ すずめを庭に□（はな）す。 ☞p.61

⑤「ふく」の字のみぎがわに注意。
○艮　×反

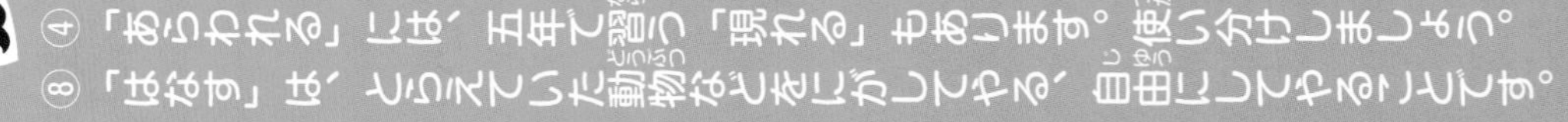

④「あらわれる」には、五年で習う「現れる」もあります。使い分けしましょう。
⑧「はなす」は、とらえていた動物などをにがしてやる、自由にしてやることです。

21 まとめのテスト3

名前　月　日　目標時間20分　合かく80点　/100点

1 ——の漢字の読みがなを書きなさい。　48点（一つ4）

① 赤い実がたくさんなる。（　　）

② せきがひどく出て、むねが苦しい。（　　）

③ 物事にこだわらない。（　　）

④ 今日は、水泳大会の日だ。（　　）

⑤ クラスごとの人数がわかるように表を作る。（　　）

⑥ わか者たちが決定する。（　　）（　　）

⑦ 和服すがたの女の人たちに注目が集まる。（　　）（　　）

⑧ 海岸に大きな波がおしよせる。（　　）（　　）

⑨ 生物のくらしには、まだなぞが多い。（　　）

2 □にあてはまる漢字(かん)を書きなさい。

52点(一つ4)

① 図書□(い)員(いん)の仕事(しごと)を□(う)けつぐ。

② だれでも□(しあわ)せになりたいと思う。

③ みんなでそうじを□(はじ)める。

④ □□(おおむかし)には、マンモスがいたそうだ。

⑤ 大きな□(いた)を手に□(と)る。

⑥ □□(どうぐ)を大切に□(つか)う。

⑦ 学校は□□(きょういく)をする□(ところ)です。

⑧ 肉を□(あぶら)であげる。

⑨ 大きな風船を空へ□(はな)つ。

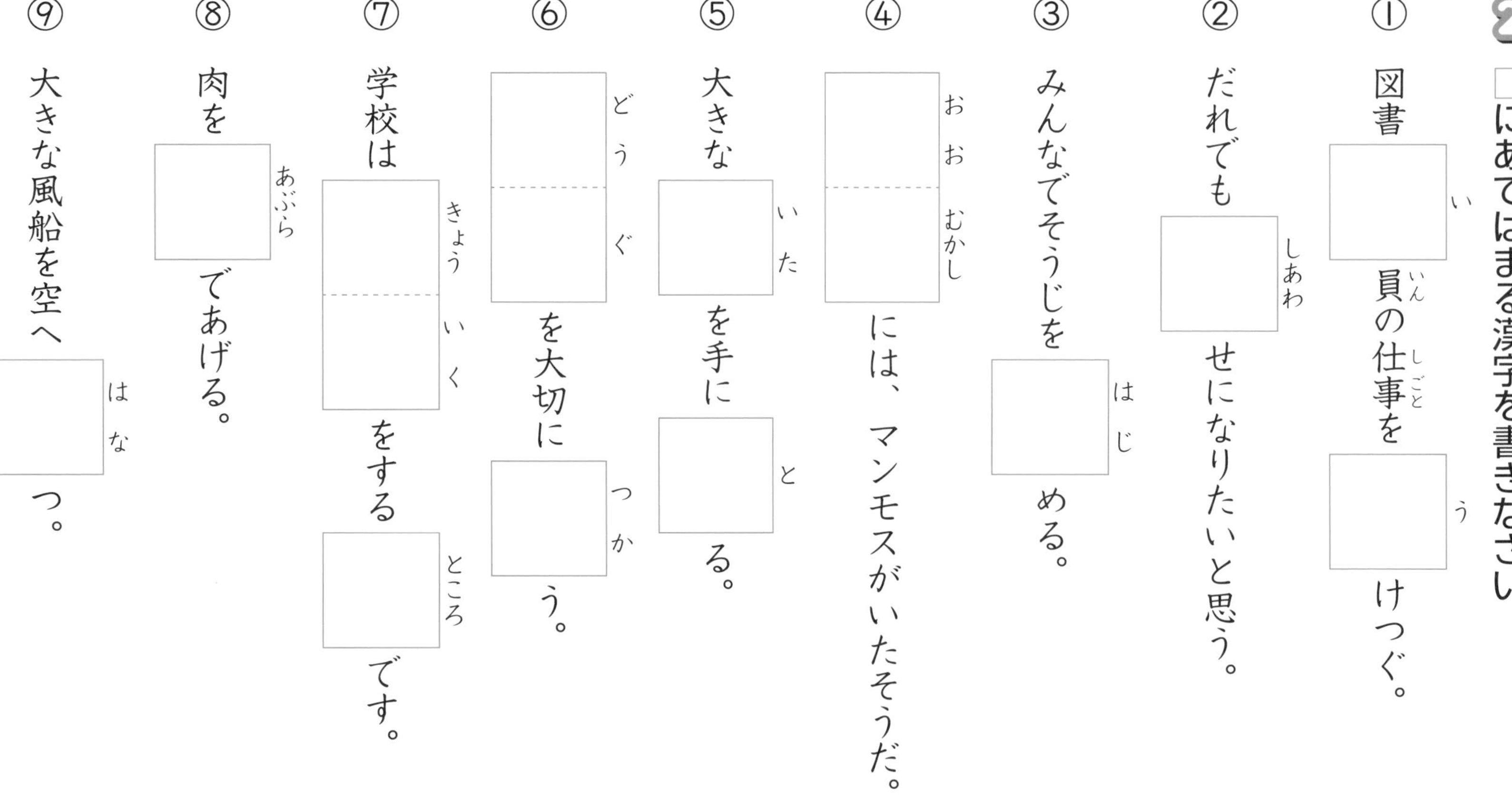

22 きほんのドリル

8画・9画

味・命・和・屋・界

名前　月　日　目標時間 15分　合かく80点　/100点

書いておぼえよう！

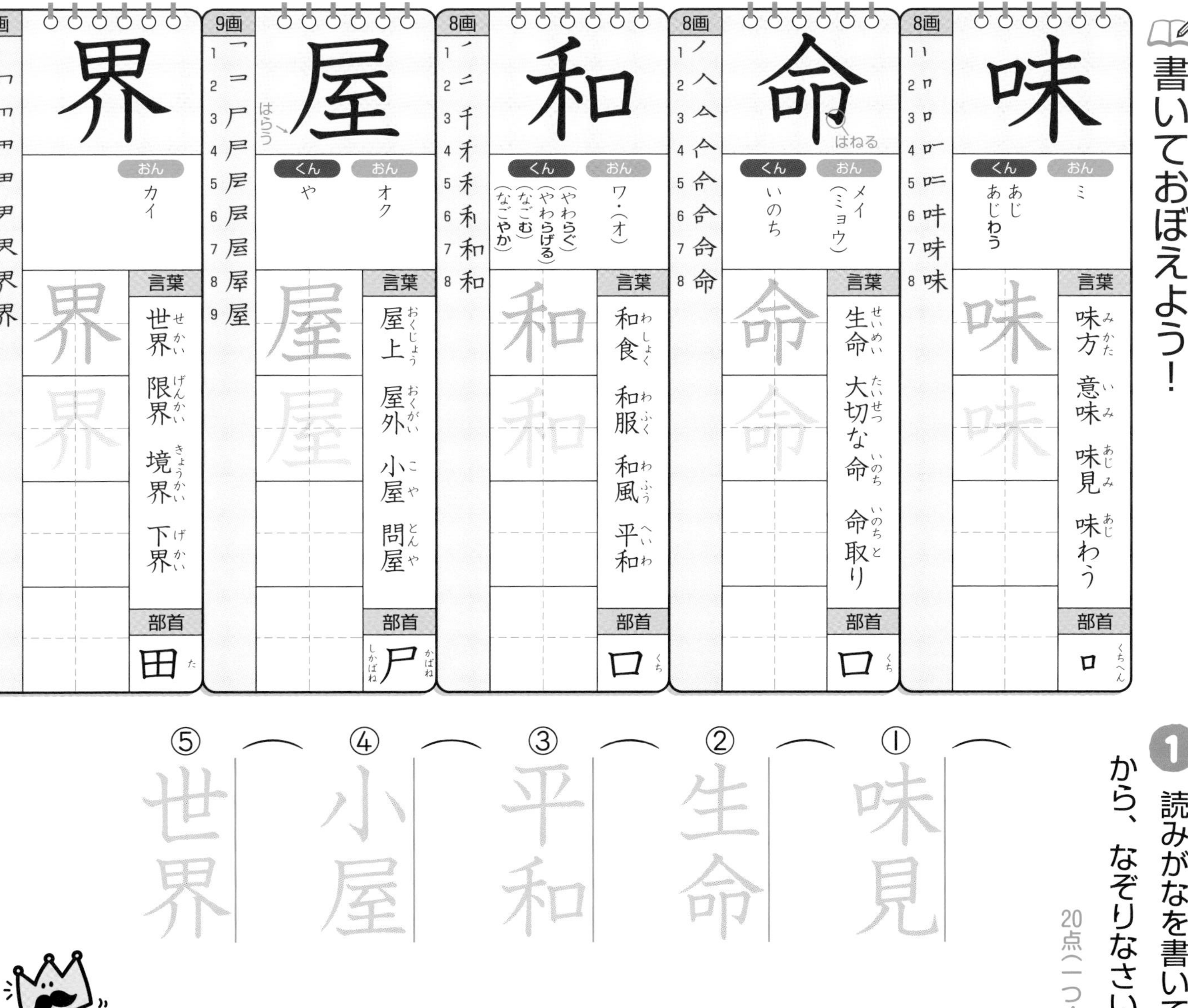

味（8画）　おん：ミ　くん：あじ、あじわう
言葉：味方（みかた）、意味（いみ）、味見（あじみ）、味わう（あじわう）
部首：口（くちへん）

命（8画）はねる　おん：メイ（ミョウ）　くん：いのち
言葉：生命（せいめい）、大切な命（たいせつないのち）、命取り（いのちとり）
部首：口（くち）

和（8画）　おん：ワ・（オ）　くん：（やわらぐ）（やわらげる）（なごむ）（なごやか）
言葉：和食（わしょく）、和服（わふく）、和風（わふう）、平和（へいわ）
部首：口（くち）

屋（9画）はらう　おん：オク　くん：や
言葉：屋上（おくじょう）、屋外（おくがい）、小屋（こや）、問屋（とんや）
部首：尸（しかばね・かばね）

界（9画）　おん：カイ
言葉：世界（せかい）、限界（げんかい）、境界（きょうかい）、下界（げかい）
部首：田（た）

1 読みがなを書いてから、なぞりなさい。　20点（一つ4）

① 味見（　　）
② 生命（　　）
③ 平和（　　）
④ 小屋（　　）
⑤ 世界（　　）

2 □にあてはまる漢字(かん)を書きなさい。

① おでんの［あじみ］をする。

② 弟たちの［みかた］をする。

③ かけがえのない［いのち］を大切にする。

④ たんぽぽには、強い［せいめい］力がある。

⑤ 母は［わしょく］がすきです。

⑥ 山の中の［こや］にとまる。

⑦ ビルの［おくじょう］に出る。

⑧ 山のてっぺんから［げかい］を見下ろす。

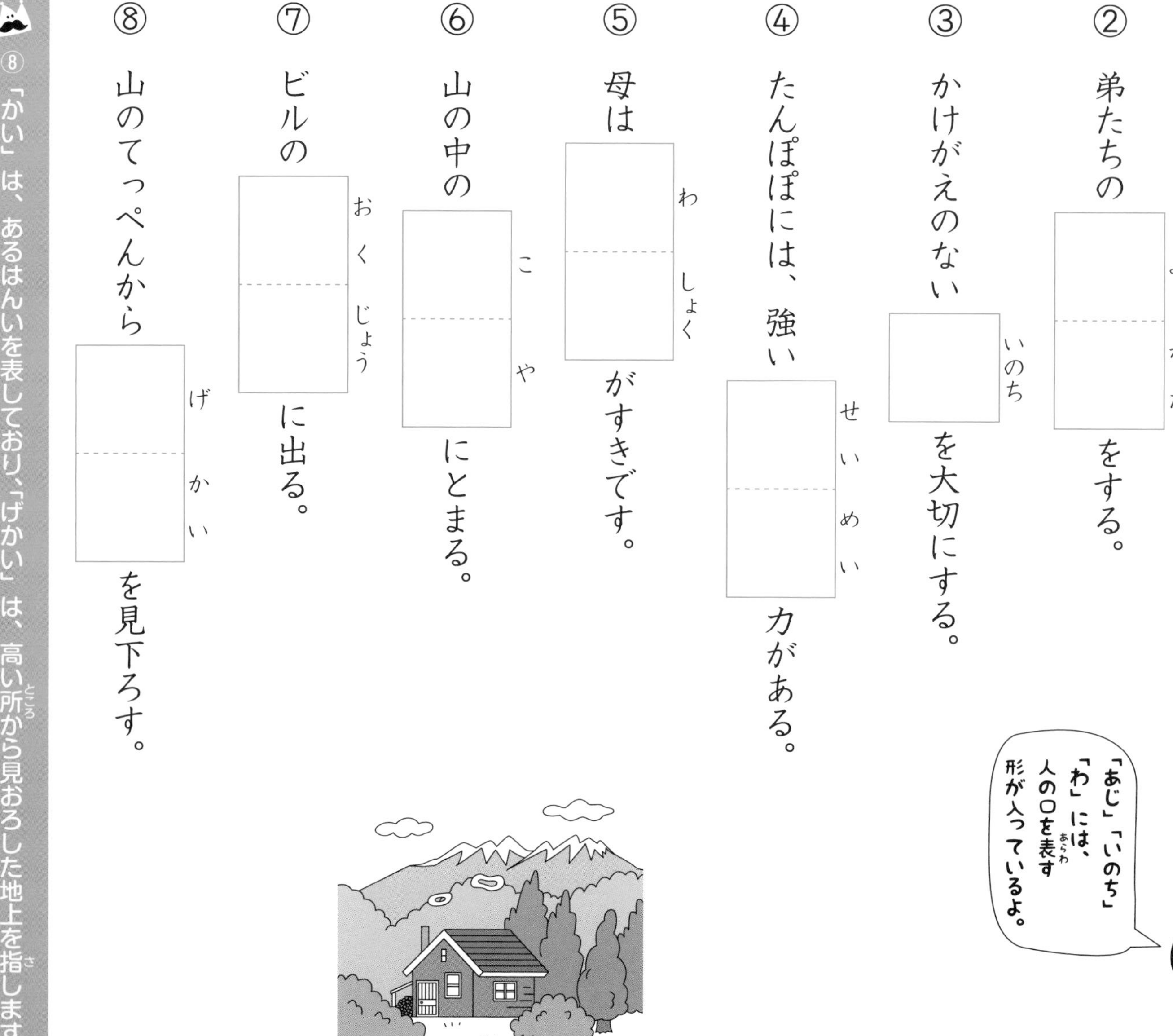

⑧「かい」は、あるはんいを表しており、「げかい」は、高い所(ところ)から見おろした地上を指(さ)します。

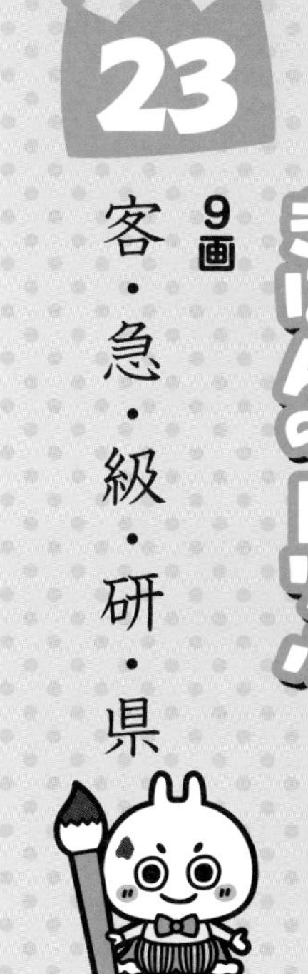

23 9画 客・急・級・研・県

名前　月　日

目標時間 15分　合かく80点　/100点

書いておぼえよう！

客（9画）
おん：キャク（カク）
言葉：来客（らいきゃく）　客間（きゃくま）　客人（きゃくじん）　お客（きゃく）さん
部首：宀（うかんむり）

急（9画）出ない
おん：キュウ　くん：いそぐ
言葉：急行（きゅうこう）　急用（きゅうよう）　急（いそ）ぐ　急（いそ）ぎ足（あし）
部首：心（こころ）

級（9画）
おん：キュウ
言葉：学級（がっきゅう）　級友（きゅうゆう）　上級（じょうきゅう）　三級（さんきゅう）
部首：糸（いとへん）

研（9画）長く
おん：ケン　くん：（とぐ）
言葉：研究（けんきゅう）　研修（けんしゅう）
部首：石（いしへん）

県（9画）とめる
おん：ケン
言葉：県立（けんりつ）　県大会（けんたいかい）　山口県（やまぐちけん）
部首：目（め）

1 読みがなを書いてから、なぞりなさい。　20点（一つ4）

① 来客（　　）
② 急行（　　）
③ 学級（　　）
④ 研究（　　）
⑤ 県立（　　）

2 □にあてはまる漢字(かんじ)を書きなさい。　80点(一つ10)

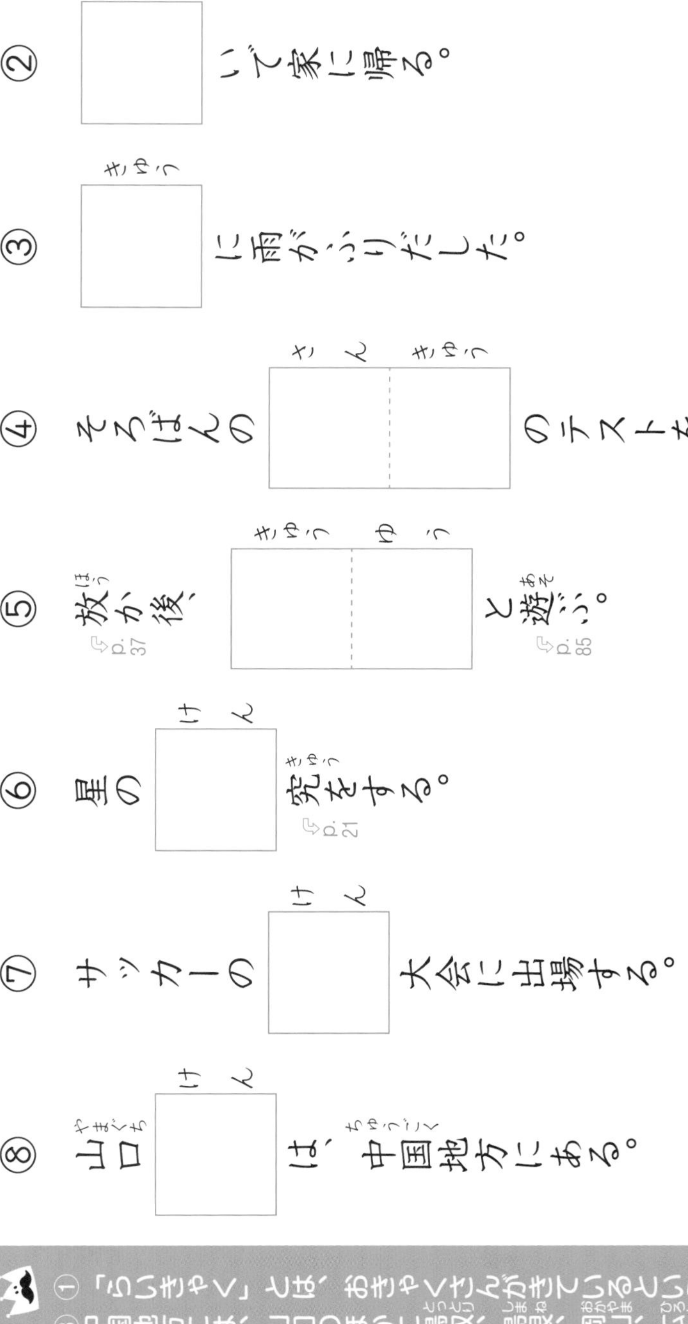

① ただ今、□□(らいきゃく)中です。

② □(いそ)いで家に帰る。

③ □(きゅう)に雨がふりだした。

④ そろばんの□□(さんきゅう)のテストを受(う)ける。 p.33

⑤ 放(ほう)か後、□□(きゅうゆう)と遊(あそ)ぶ。 p.37 p.85

⑥ 星の□(けん)究(きゅう)をする。 p.21

⑦ サッカーの□(けん)大会に出場する。

⑧ 山口(やまぐち)□(けん)は、中国地方(ちゅうごくちほう)にある。

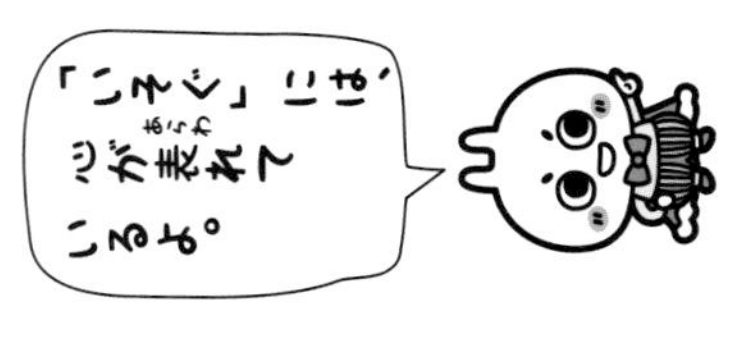

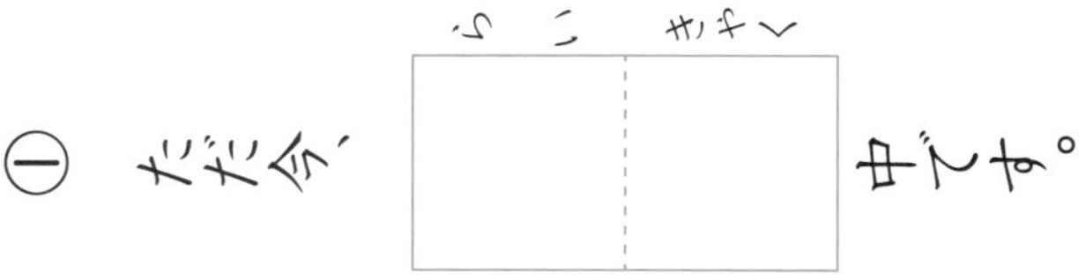

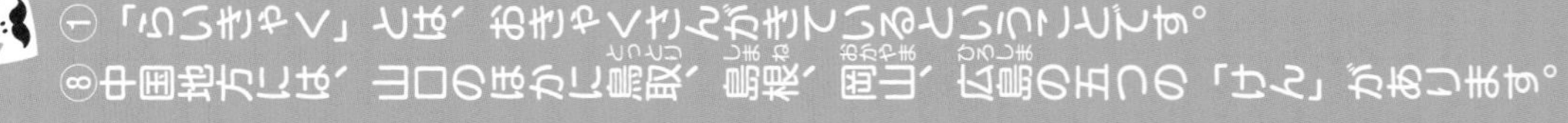

① 「らいきゃく」とは、お客さんがきているということです。
⑧ 中国地方には、山口のほかに鳥取(とっとり)、島根(しまね)、岡山(おかやま)、広島(ひろしま)の五つの「けん」があります。

24 きほんのドリル

9画

係・指・拾・持・待

目標時間 15分

月　日

名前

合かく80点　/100点

書いておぼえよう！

係（9画）ななめ
おん：ケイ
くん：かかる　かかり
言葉：関係（かんけい）　係る（かかる）　図書係（としょがかり）　係員（かかりいん）
部首：亻（にんべん）

指（9画）はねる
おん：シ
くん：ゆび　さす
言葉：指定（してい）　親指（おやゆび）　指先（ゆびさき）　指す（さす）
部首：扌（てへん）

拾（9画）はねる
おん：（シュウ）（ジュウ）
くん：ひろう
言葉：くり拾い（ひろい）　命拾い（いのちびろい）　お金（かね）を拾う（ひろう）
部首：扌（てへん）

持（9画）はねる
おん：ジ
くん：もつ
言葉：持続（じぞく）　持参（じさん）　持つ（もつ）　金持ち（かねもち）
部首：扌（てへん）

待（9画）はねる
おん：タイ
くん：まつ
言葉：期待（きたい）　待つ（まつ）　待合室（まちあいしつ）
部首：彳（ぎょうにんべん）

1 読みがなを書いてから、なぞりなさい。　20点（一つ4）

① 係る（　　　）

② 親指（　　　）

③ 拾う（　　　）

④ 持つ（　　　）

⑤ 待つ（　　　）

2 □にあてはまる漢字を書きなさい。

① テーブルまで、□（かかり）の者があん内する。 ☞p.33

② 親と子のかん□（けい）を考える。

③ □□（おやゆび）のつめを切りすぎた。

④ これは、何を□（さ）していますか。

⑤ ぼうしを□（ひろ）う。

⑥ 大きなさいふを□（も）っている。

⑦ 駅でお父さんを□（ま）つ。 ☞p.93

⑧ 友だちの活やくを期□（たい）する。 ☞p.77

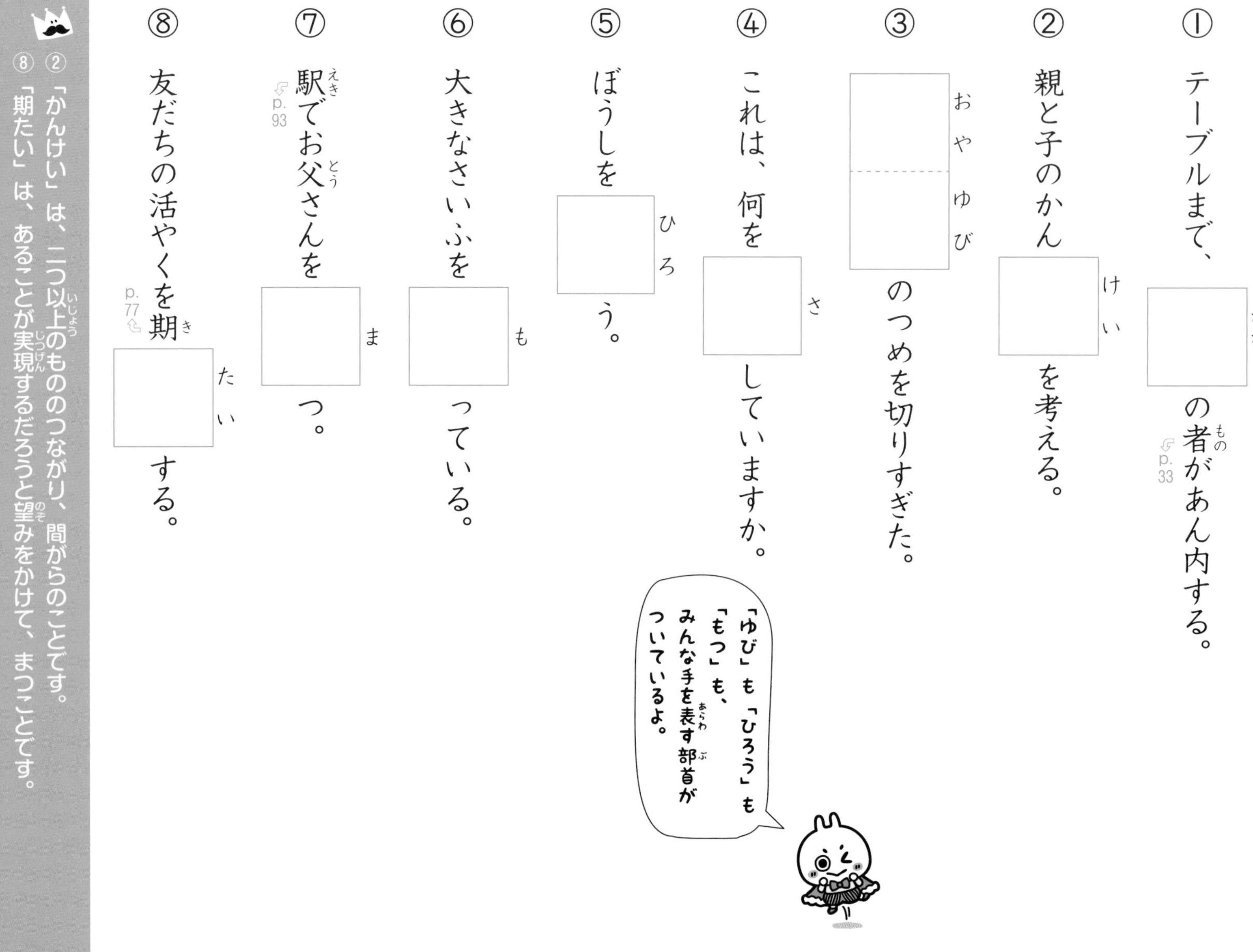

「ゆび」も「ひろう」も「もつ」も、みんな手を表す部首がついているよ。

② 「かんけい」は、二つ以上のもののつながり、間がらのことです。
⑧ 「期たい」は、あることが実現するだろうと望みをかけて、まつことです。

25

9画

重・昭・乗・神・相

月　日　目標時間 15分

名前

合かく80点　/100点

書いておぼえよう！

重
おん：チョウ、ジュウ
くん：え、おもい、かさねる、かさなる
言葉：体重（たいじゅう）、貴重（きちょう）、重い（おもい）、重ねる（かさねる）
部首：里（さと）
9画：1 一　2 二　3 亍　4 亓　5 旨　6 盲　7 重　8 重　9 重

昭（出ない）
おん：ショウ
言葉：昭和の時代（しょうわのじだい）
部首：日（ひへん）
9画：1 丨　2 П　3 日　4 日　5 日ㄱ　6 日刀　7 昭　8 昭　9 昭

乗（長く）
おん：ジョウ
くん：のる、のせる
言葉：乗車（じょうしゃ）、電車に乗る（でんしゃにのる）、乗せる（のせる）
部首：ノ（はらいぼう）
9画：1 ノ　2 二　3 三　4 手　5 乒　6 垂　7 乗　8 乗　9 乗

神（出る）
おん：シン、ジン
くん：かみ、（かん）、（こう）
言葉：神事（しんじ）、神話（しんわ）、神社（じんじゃ）、神様（かみさま）
部首：ネ（しめすへん）
9画：1 丶　2 ラ　3 ネ　4 ネ　5 ネ丨　6 ネ口　7 ネ日　8 神　9 神

相（とめる）
おん：ソウ、（ショウ）
くん：あい
言葉：相当（そうとう）、真相（しんそう）、相談（そうだん）、相手（あいて）
部首：目（め）
9画：1 一　2 十　3 才　4 木　5 木丨　6 相　7 相　8 相　9 相

1 読みがなを書いてから、なぞりなさい。
20点（一つ4）

① 重ねる（　　）

② 昭和（　　）

③ 乗る（　　）

④ 神話（　　）

⑤ 相手（　　）

2 □にあてはまる漢字(かん)を書きなさい。

① お兄(にい)さんのカバンは、いつも□(おも)い。

② クラブの日と、家族(ぞく)で出かける日とが、□(かさ)なる。
☞p.65

③ おじさんは、□(しょう)和(わ)五十年生まれだそうだ。
☞p.41

④ ヘリコプターに□(の)るのは、はじめてだ。

⑤ ご□□(じょうしゃ)のお客様(きゃくさま)は、お急(いそ)ぎください。
☞p.43 ☞p.93 ☞p.43

⑥ お正月に□□(じんじゃ)へおまいりに行く。

⑦ ギリシア□□(しんわ)の本を買ってもらう。

⑧ うでずもうの□□(あいて)をする。

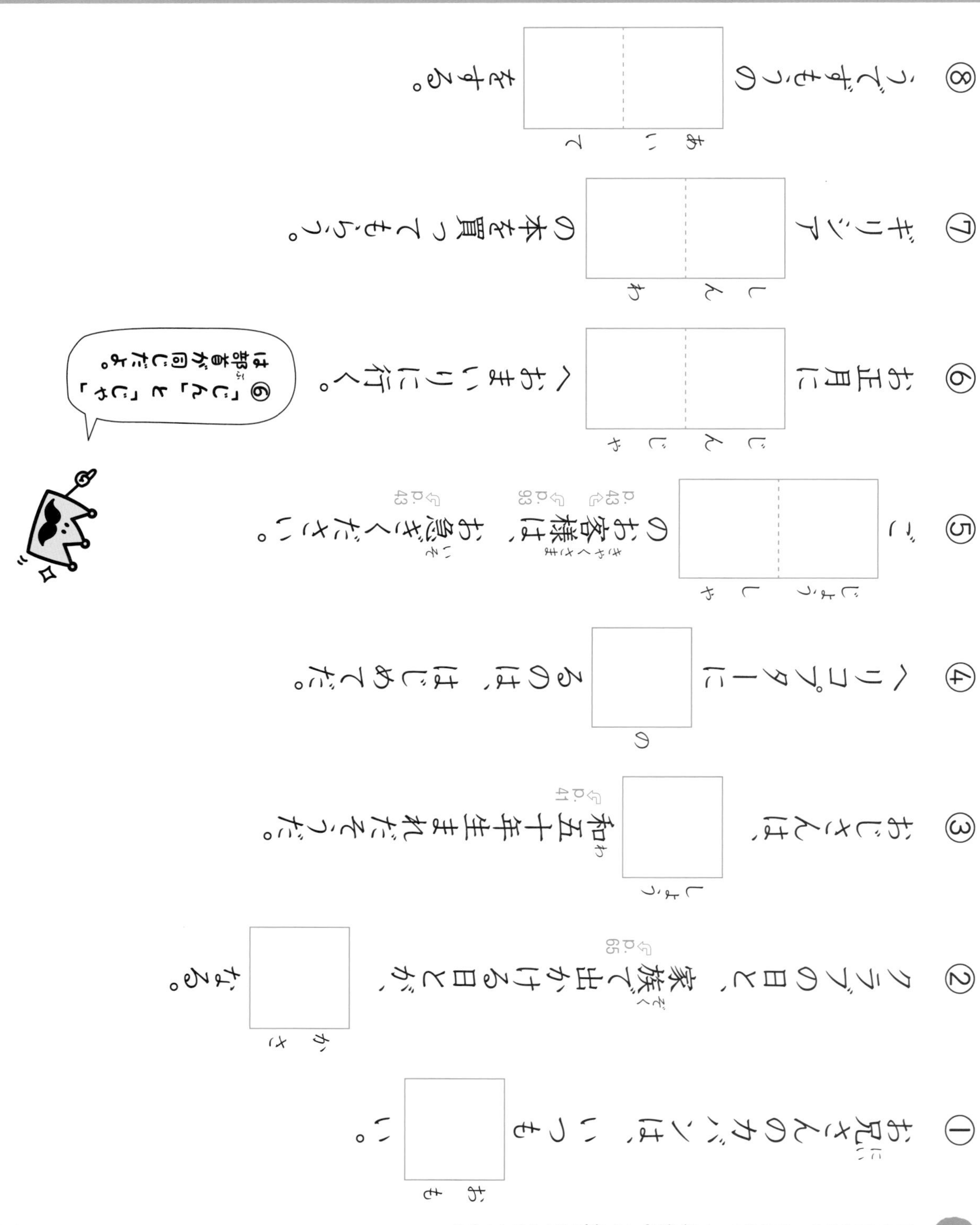

③「しょう和」は「平成(へいせい)」の一つ前の年号(ねんごう)です。

26 きほんのドリル

9画 送・追・炭・柱・度

名前　　月　日　目標時間 15分　合かく80点　/100点

書いておぼえよう!

送（9画）
おん：ソウ　くん：おくる
言葉：運送（うんそう）　送金（そうきん）　送料（そうりょう）　物（もの）を送（おく）る
部首：辶（しんにょう・しんにゅう）
筆順：1 丶 2 丷 3 䒑 4 𠂉 5 关 6 关 7 关 8 送 9 送

追（9画）
おん：ツイ　くん：おう
言葉：追放（ついほう）　追究（ついきゅう）　追（お）う　追（お）いかける
部首：辶（しんにょう・しんにゅう）
筆順：1 ノ 2 亻 3 户 4 户 5 𠂤 6 𠂤 7 追 8 追 9 追

炭（9画）（はらう）
おん：タン　くん：すみ
言葉：石炭（せきたん）　炭田（たんでん）　炭火（すみび）　炭焼（すみや）き
部首：火（ひ）
筆順：1 丨 2 山 3 山 4 山 5 岸 6 岸 7 岸 8 炭 9 炭

柱（9画）（はなす）
おん：チュウ　くん：はしら
言葉：円柱（えんちゅう）　電柱（でんちゅう）　太（ふと）い柱（はしら）　大黒柱（だいこくばしら）
部首：木（きへん）
筆順：1 一 2 十 3 才 4 木 5 木 6 杧 7 杧 8 柱 9 柱

度（9画）
おん：ド（ト）（タク）　くん：（たび）
言葉：角度（かくど）　今度（こんど）　温度（おんど）　度合（どあ）い
部首：广（まだれ）
筆順：1 丶 2 亠 3 广 4 广 5 庐 6 庐 7 庐 8 度 9 度

1 読みがなを書いてから、なぞりなさい。

20点（一つ4）

① 送る（　　）
② 追う（　　）
③ 石炭（　　）
④ 電柱（　　）
⑤ 角度（　　）

2 □にあてはまる漢字を書きなさい。

80点（一つ10）

① 親せきのうちへ、りんごを□(おく)る。

② 母は、兄にじゅ業りょうを□□(そうきん)した。 ☞p.89

③ にげたうさぎを□(お)いかける。

④ ガンのちりょうほうをとことん□(つい)究する。 ☞p.21

⑤ 昔は、□□(せきたん)をねんりょうにしていた。 ☞p.33

⑥ 太い□(はしら)がある家を買う。

⑦ 太い□□(えんちゅう)が立っている。

⑧ □□(こんど)は、手をつないでおどろう。

④「ついきゅう」は同音いぎ語に気をつけよう。

④「ついきゅう」の「きゅう」は、このほか「及・求」があります。ここでは、学問や真理をきわめるという意味です。

1 ——の漢字の読みがなを書きなさい。 48点（一つ4）

① そろばんの級が上がる。

② 青森と秋田の県ざかいにある山。

③ 係の人がしつ問に答える。

④ 柱時計を見上げる。

⑤ 何度も手紙を送る。

⑥ 平和な世界をつくる。

⑦ ずっしりと重いダンボール箱を持ち上げる。

⑧ 命を大切にする。

⑨ 道でさいふを拾う。

2 □にあてはまる漢字を書きなさい。

52点（一つ4）

① □□（おくじょう）で、月の動きを□（けん）究する。

② 日時を□（し）定する。

③ □（しょう）和二十年に、せんそうが終わった。

④ 弟を□□（あいて）にボール投げをする。

⑤ 勝りの□（かみ）様を□□（みかた）につける。

⑥ □（きゅう）なお□（きゃく）で、お母さんはいそがしそうだ。

⑦ タクシーに□（の）って、父を□（お）いかける。

⑧ 期□（たい）が大きい。

⑨ □□（すみび）で肉をやく。

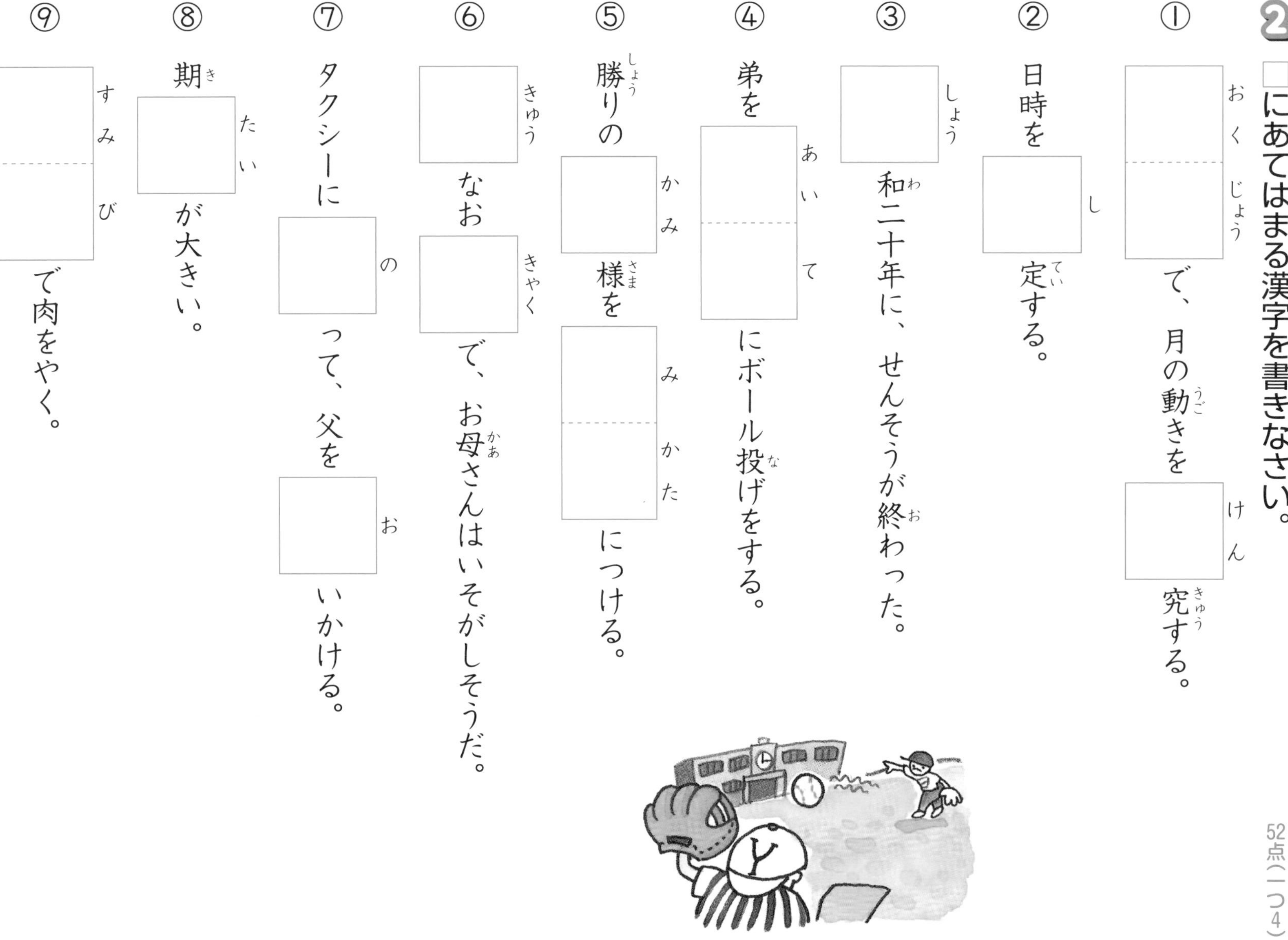

きほんのドリル

28 9画 畑・発・美・秒・品

名前　　月　日　目標時間（ひょうじかん）15分　合かく80点　/100点

書いておぼえよう！

漢字	読み	言葉	部首	筆順（9画）
畑（とめる）	くん：はた、はたけ	田畑（たはた）、畑作（はたさく）、茶畑（ちゃばたけ）、麦畑（むぎばたけ）	田（た）	1 丶 2 丷 3 少 4 火 5 灯 6 灯 7 畑 8 畑 9 畑
発（上にはねる）	おん：ハツ（ホツ）	発明（はつめい）、発行（はっこう）、出発（しゅっぱつ）、開発（かいはつ）	癶（はつがしら）	1 フ 2 ヲ 3 ヺ 4 癶 5 癶 6 ⺨ 7 癹 8 発 9 発
美	おん：ビ　くん：うつくしい	美人（びじん）、美点（びてん）、美しい人（うつくしいひと）、美しさ（うつくしさ）	羊（ひつじ）	1 丶 2 丷 3 䒑 4 兰 5 羊 6 差 7 羊 8 美 9 美
秒（長く）	おん：ビョウ	五秒（ごびょう）、秒速（びょうそく）、秒読み（びょうよみ）、毎秒（まいびょう）	禾（のぎへん）	1 ノ 2 二 3 千 4 禾 5 禾 6 利 7 利 8 秒 9 秒
品（大きく）	おん：ヒン　くん：しな	作品（さくひん）、上品（じょうひん）、品物（しなもの）、手品（てじな）	口（くち）	1 丨 2 冂 3 口 4 口 5 品 6 品 7 品 8 品 9 品

1 読みがなを書いてから、なぞりなさい。　20点（一つ4）

① 畑作（　　）
② 発行（　　）
③ 美人（　　）
④ 毎秒（　　）
⑤ 作品（　　）

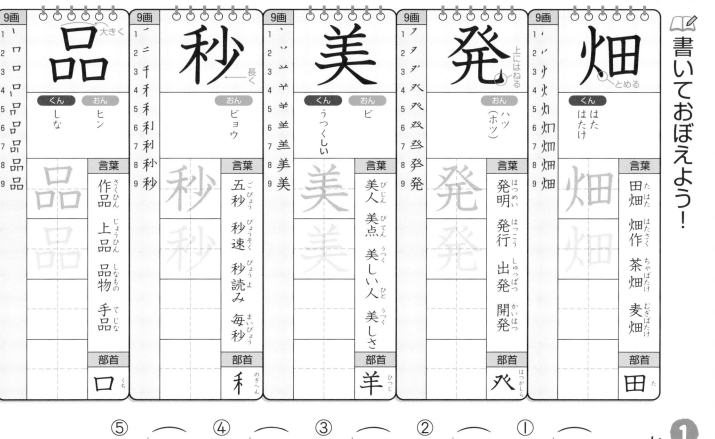

2 □にあてはまる漢字を書きなさい。

80点（一つ10）

① うらの□（はたけ）にじゃがいもを植える。 p.81

② エジソンは、アメリカの□□（はつめい）家である。

③ □（うつく）しい色合いのデザインだ。

④ 「わたしは□□（びじん）よ。」と、姉は自分で言う。

⑤ □□（まいびょう）二十メートルの速さ。 p.61

⑥ 電子レンジで□□（ごびょう）間、温める。 p.79

⑦ トランプの□□（てじな）を習いたい。 p.67

⑧ おっとりした□□（じょうひん）なおばあさん。

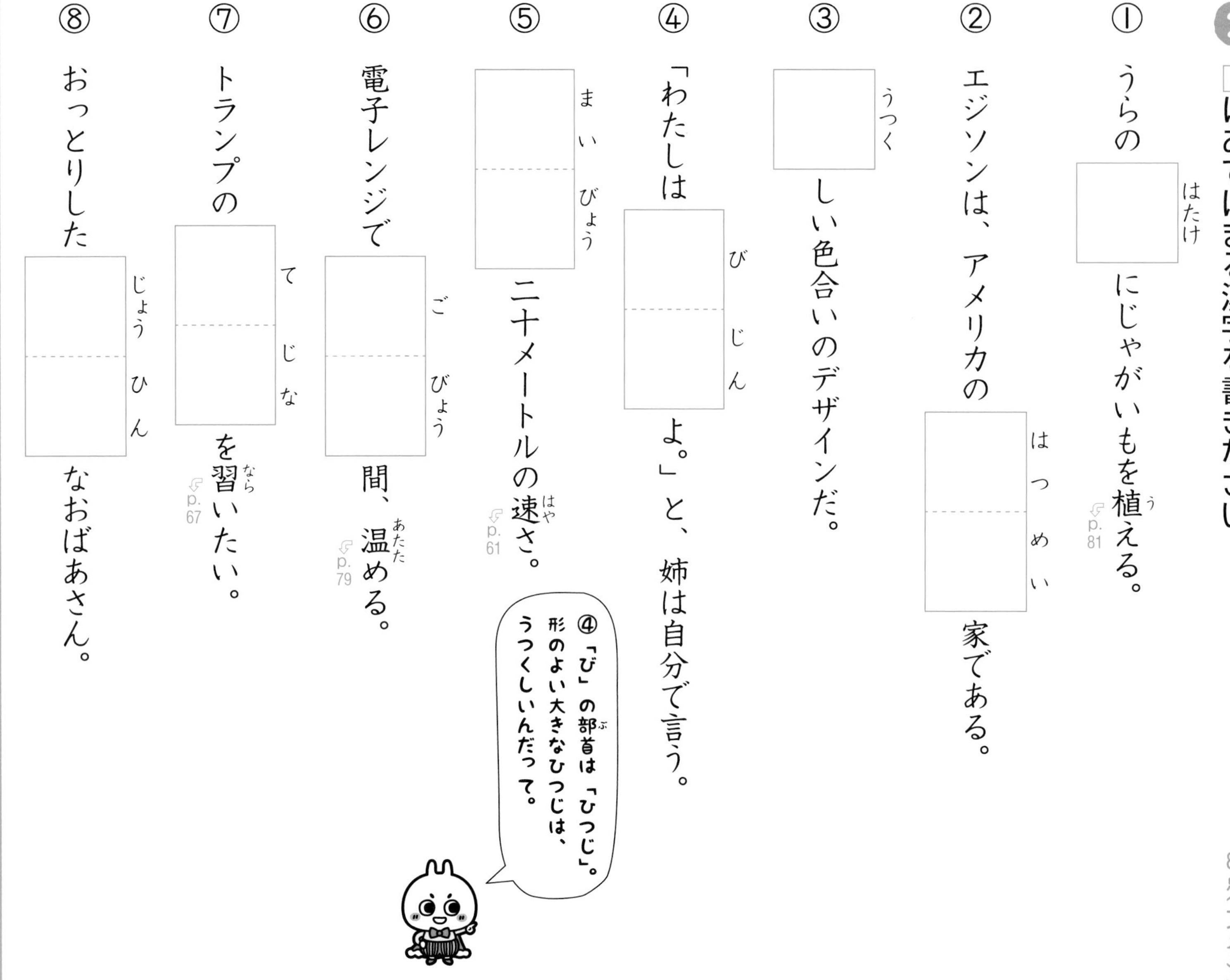

②エジソンは電球や電池を新しく考え出したことで知られています。
⑤「まいびょう」は「一びょうごと。一びょうにつき。」の意味です。

29 きほんのドリル

9画・10画 負・面・洋・員・院

名前　月　日

目標時間 15分

合かく80点　/100点

書いておぼえよう！

漢字	画数	おん	くん	言葉	部首
負	9画	フ	まける・まかす・おう	勝負・負け・負かす・負い目	貝（かい・こがい）
面	9画	メン	（おも）・（おもて）・（つら）	面会・方面・表面・面積	面（めん）
洋（出ない）	9画	ヨウ		洋なし・洋風・海洋・西洋	氵（さんずい）
員	10画	イン		社員・定員・全員・満員	口（くち）
院（上にはねる）	10画	イン		院長・入院・医院・病院	阝（こざとへん）

1 読みがなを書いてから、なぞりなさい。 20点（一つ4）

① 負かす（　　）

② 面会（　　）

③ 洋風（　　）

④ 社員（　　）

⑤ 入院（　　）

2 □にあてはまる漢字(かん)を書きなさい。

80点(一つ10)

① □(ま)けをみとめる。

② 妹に言い□(ま)かされる。

③ 自分にどこか□(お)い目を感(かん)じる。 p.89

④ 真(しん)けんに勝(しょう)□(ぶ)する。 p.59 p.81

⑤ 東京(とうきょう)□□(ほうめん)は、一番線です。

⑥ 日本のなしのほうが、□(よう)なしよりすきだ。

⑦ 姉は、テレビ局(きょく)の□□(しゃいん)である。 p.21

⑧ 病気(びょうき)で□□(にゅういん)した。 p.61

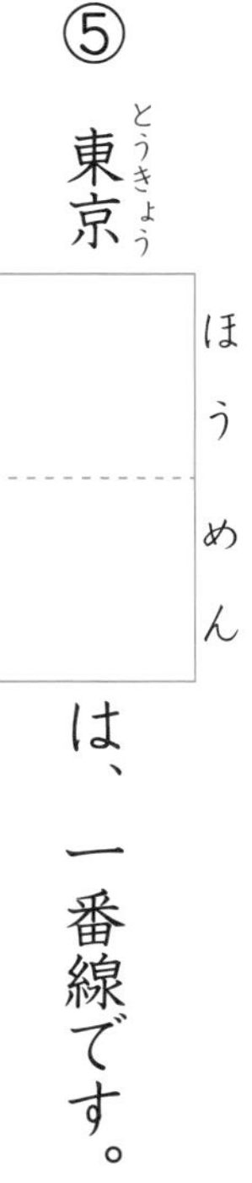
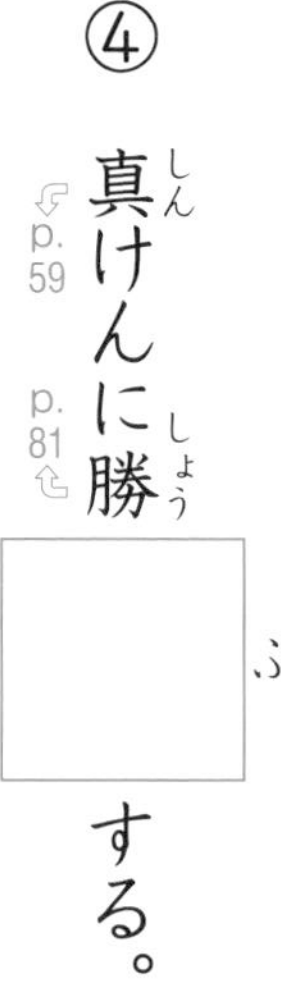

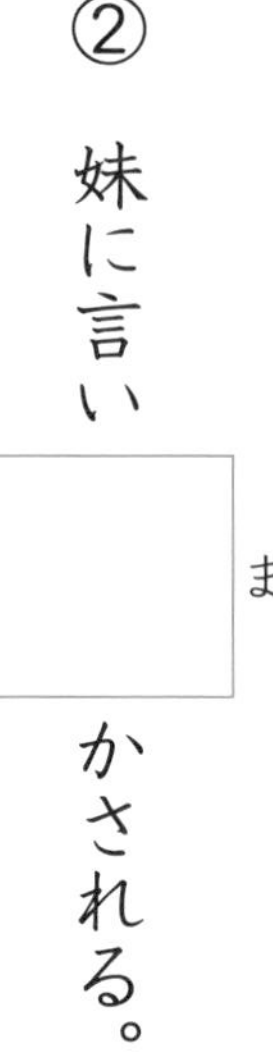

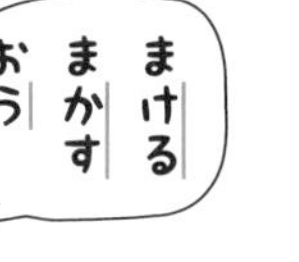

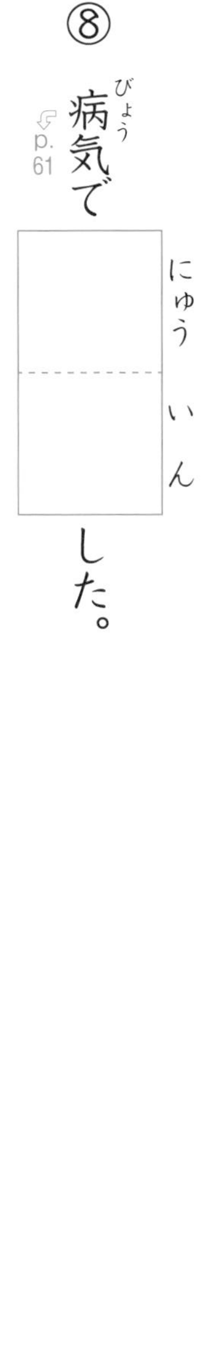
③「おい目」とは、助(たす)けてもらったことについて、自分に責任(せきにん)があると思う気持(きも)ちのことです。

30 きほんのドリル

10画 荷・起・宮・庫・根

目標時間 15分　月　日　名前　合かく80点　/100点

書いておぼえよう！

荷（10画）
- おん：（カ）
- くん：に
- 言葉：荷車（にぐるま）　荷物（にもつ）　重荷（おもに）
- 部首：艹（くさかんむり）
- はねる

起（10画）
- おん：キ
- くん：おきる　おこる　おこす
- 言葉：起立（きりつ）　起工（きこう）　早起き（はやおき）　起こす（おこす）
- 部首：走（そうにょう）
- 長く

宮（10画）
- おん：キュウ（グウ）（ク）
- くん：みや
- 言葉：王宮（おうきゅう）　宮中（きゅうちゅう）　宮様（みやさま）　宮まいり（みやまいり）
- 部首：宀（うかんむり）
- 大きく

庫（10画）
- おん：コ（ク）
- 言葉：車庫（しゃこ）　金庫（きんこ）　文庫（ぶんこ）
- 部首：广（まだれ）
- 長く

根（10画）
- おん：コン
- くん：ね
- 言葉：根気（こんき）　大根（だいこん）　草の根（くさのね）　根強い（ねづよい）
- 部首：木（きへん）

1 読みがなを書いてから、なぞりなさい。 20点（一つ4）

① 荷車（　　　）
② 起こす（　　　）
③ 宮様（　　　）
④ 車庫（　　　）
⑤ 根気（　　　）

80点(一つ10)

2 □にあてはまる漢字を書きなさい。

① 米だわらをのせた □□（に ぐるま） を牛がひいていく。

② 遠足に行く日は、早 □（お） きをする。

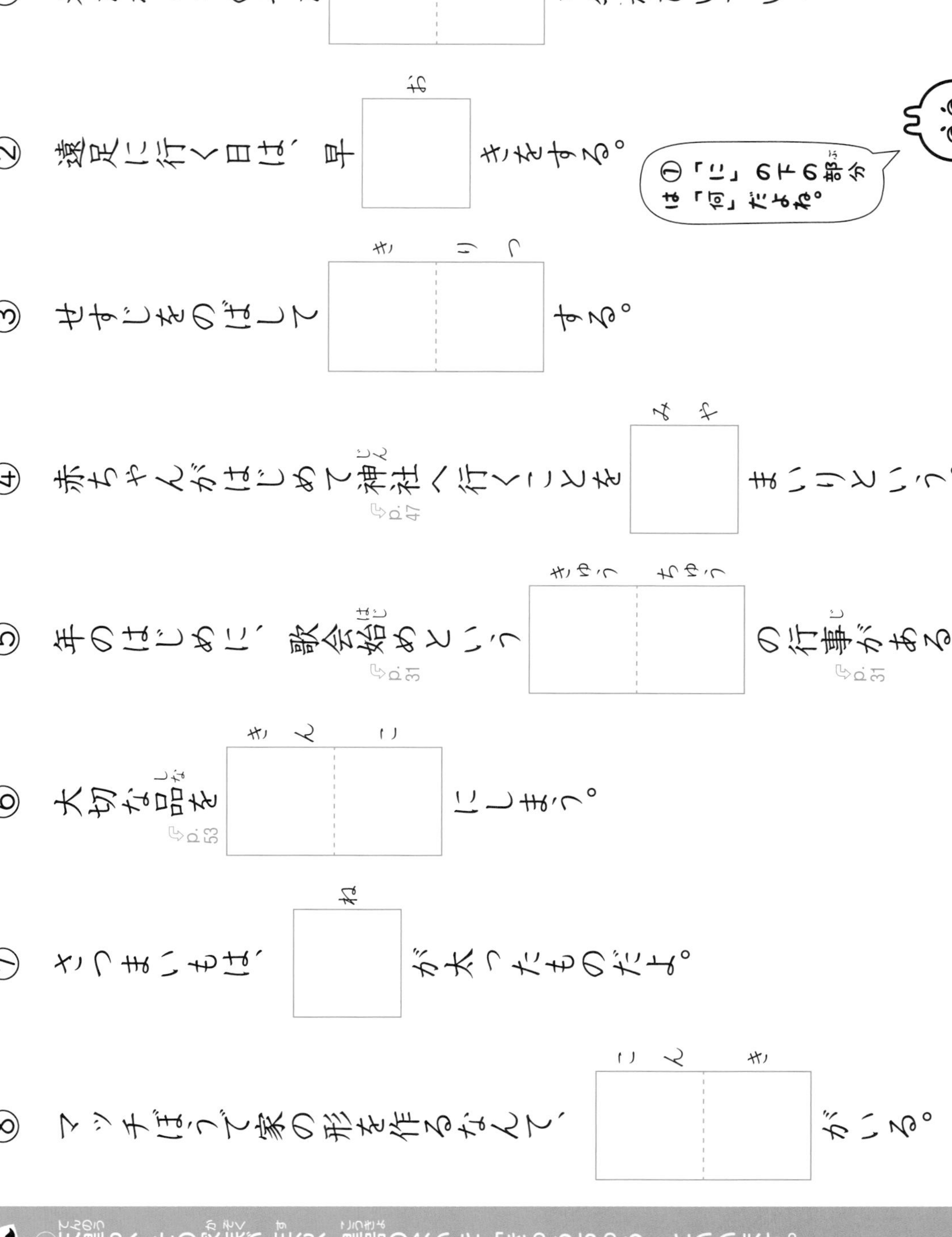

③ せすじをのばして □□（き りつ） する。

④ 赤ちゃんがはじめて神社へ行くことを □（みや） まいりという。 ☞p.47

⑤ 年のはじめに、歌会始めという □□（きゅう ちゅう） の行事がある。 ☞p.31 ☞p.31

⑥ 大切な品を □□（きん こ） にしまう。 ☞p.53

⑦ さつまいもは、 □（ね） が太ったものだよ。

⑧ マッチぼうで家の形を作るなんて、 □□（こん き） がいる。

⑤天皇や、その家族が住む、皇居のなかを「きゅうちゅう」といいます。
⑧「こんき」とは、一つのことを最後までやりとげようとするきカのことです。

31 きほんのドリル

10画 酒・消・流・真・息

名前　月　日　目標時間15分　合かく80点　/100点

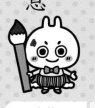

書いておぼえよう！

酒（10画）
おん：シュ
くん：さけ・さか
言葉：飲酒（いんしゅ）・洋酒（ようしゅ）・あま酒（ざけ）・酒屋（さかや）
部首：酉（ひよみのとり）
筆順：1〜10

消（10画）
まっすぐ
おん：ショウ
くん：きえる・けす
言葉：消火（しょうか）・火（ひ）が消（き）える・消（け）す
部首：氵（さんずい）

流（10画）
はねる
おん：リュウ・（ル）
くん：ながれる・ながす
言葉：流水（りゅうすい）・流氷（りゅうひょう）・流（なが）れる・流（なが）し台（だい）
部首：氵（さんずい）

真（10画）
長く
おん：シン
くん：ま
言葉：真理（しんり）・真空（しんくう）・真心（まごころ）・真四角（ましかく）
部首：目（め）

息（10画）
おん：ソク
くん：いき
言葉：休息（きゅうそく）・消息（しょうそく）・息切（いきぎ）れ・白（しろ）い息（いき）
部首：心（こころ）

1 読みがなを書いてから、なぞりなさい。 20点（一つ4）

①あま酒（　　）
②消火（　　）
③流れる（　　）
④真四角（　　）
⑤息切れ（　　）

2 □にあてはまる漢字を書きなさい。

80点（一つ10）

① 魚をにるときに、お□（さけ）を少し入れるらしい。

② 近くの□（さか）屋がコンビニになった。 ☞p.41

③ ろうそくの火を□（け）す。

④ 落ち着いて□□（しょうか）作業をする。 ☞p.85 ☞p.83 ☞p.89

⑤ 花びんの水を□（なが）す。

⑥ 魚を□□（しんくう）パックに入れる。

⑦ 冬になると、□（いき）が白く見える。

⑧ 歩きつかれたので、□□（きゅうそく）をとる。

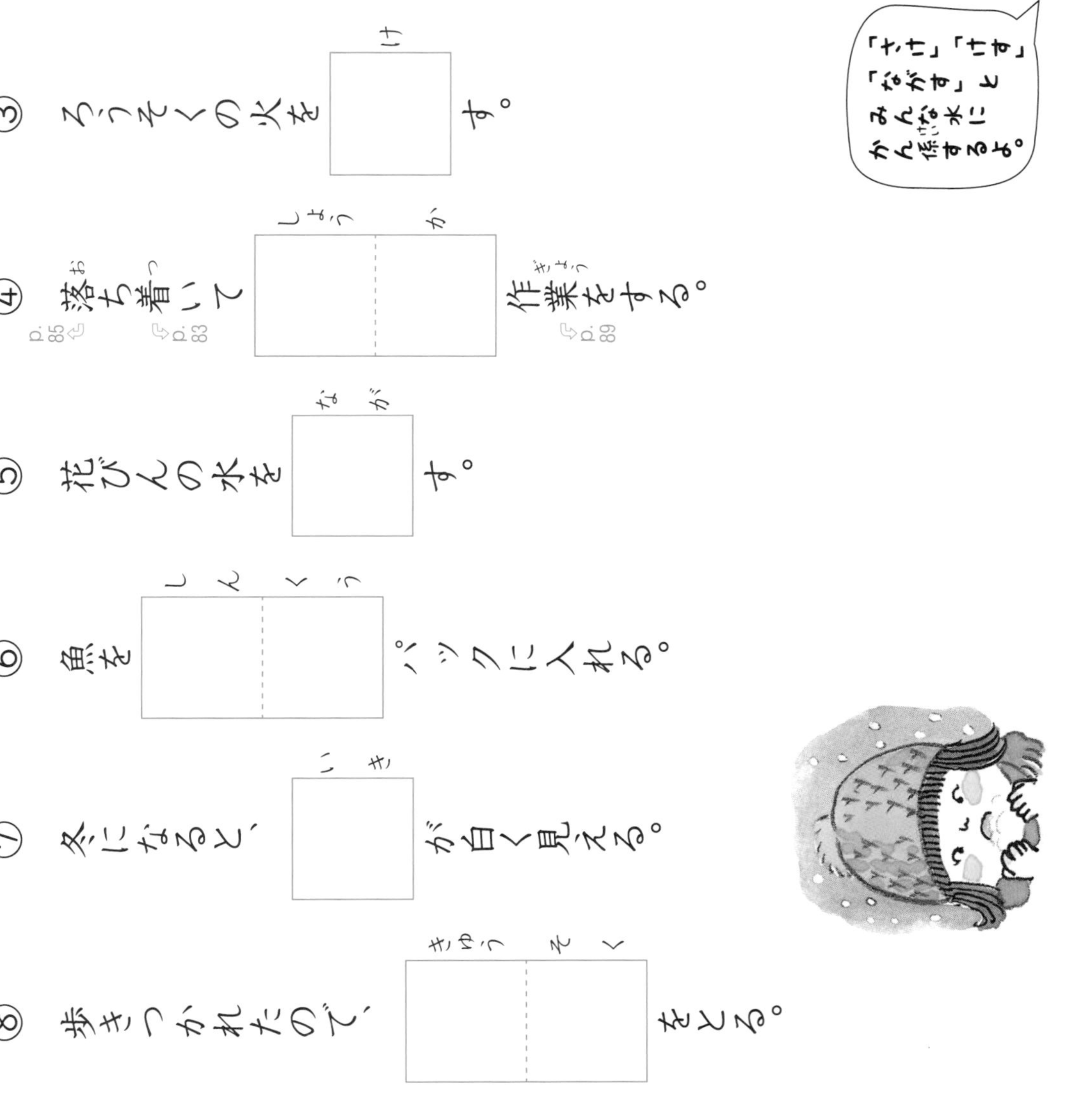

④「しょうか」を「しょう化」と書くと、食べ物を体の中に吸収しやすい形にするという意味になります。
⑧「きゅうそくをとる」という言い方をすることを覚えておきましょう。

32 きほんのドリル

10画 速・庭・病・島・配

名前　月　日　目標時間 15分　合かく80点　/100点

書いておぼえよう！

速（10画）
おん：ソク
くん：はやい　はやめる　はやまる　（すみやか）
言葉：速度（そくど）　足が速い（あしがはやい）　速める（はやめる）　速まる（はやまる）
部首：辶（しんにょう・しんにゅう）
筆順：一　一　冂　戸　申　申　東　束　凍　速

庭（10画）　出る
おん：テイ
くん：にわ
言葉：庭園（ていえん）　家庭（かてい）　前庭（まえにわ）　庭石（にわいし）
部首：广（まだれ）
筆順：丶　亠　广　庁　庁　庄　庄　庭　庭　庭

病（10画）
おん：ビョウ　（ヘイ）
くん：（やむ）　やまい
言葉：病気（びょうき）　病弱（びょうじゃく）　重い病（おもいやまい）
部首：疒（やまいだれ）
筆順：丶　亠　广　广　疒　疒　疒　疔　病　病

島（10画）　はねる
おん：トウ
くん：しま
言葉：半島（はんとう）　列島（れっとう）　日本の島（にほんのしま）　島国（しまぐに）
部首：山（やま）
筆順：丿　亻　户　户　自　自　鳥　鳥　島　島

配（10画）　はねる
おん：ハイ
くん：くばる
言葉：配合（はいごう）　心配（しんぱい）　分配（ぶんぱい）　新聞を配る（しんぶんをくばる）
部首：酉（とりへん）
筆順：一　丆　币　币　两　西　酉　酉　酉　配

1 読みがなを書いてから、なぞりなさい。　20点（一つ4）

①速める（　　）
②家庭（　　）
③病気（　　）
④半島（　　）
⑤心配（　　）

80点（一つ10）

2 □にあてはまる漢字(かん)を書きなさい。

① かれは、歩くのが□(はや)い。

② うちの□□(まえにわ)には、うめの木がある。

③ あたたかい□□(かてい)を作るのが、母のゆめだって。

④ 犬のポチが□□(びょうき)になった。

⑤ 日本(にほん)は、海にかこまれた□□(しまぐに)である。

⑥ 下北(しもきた)□□(はんとう)は、青森県(あおもりけん)にある。 ☞p.43

⑦ トランプをみんなに□(くば)る。

⑧ 兄の帰りがおそいので、□□(しんぱい)だ。

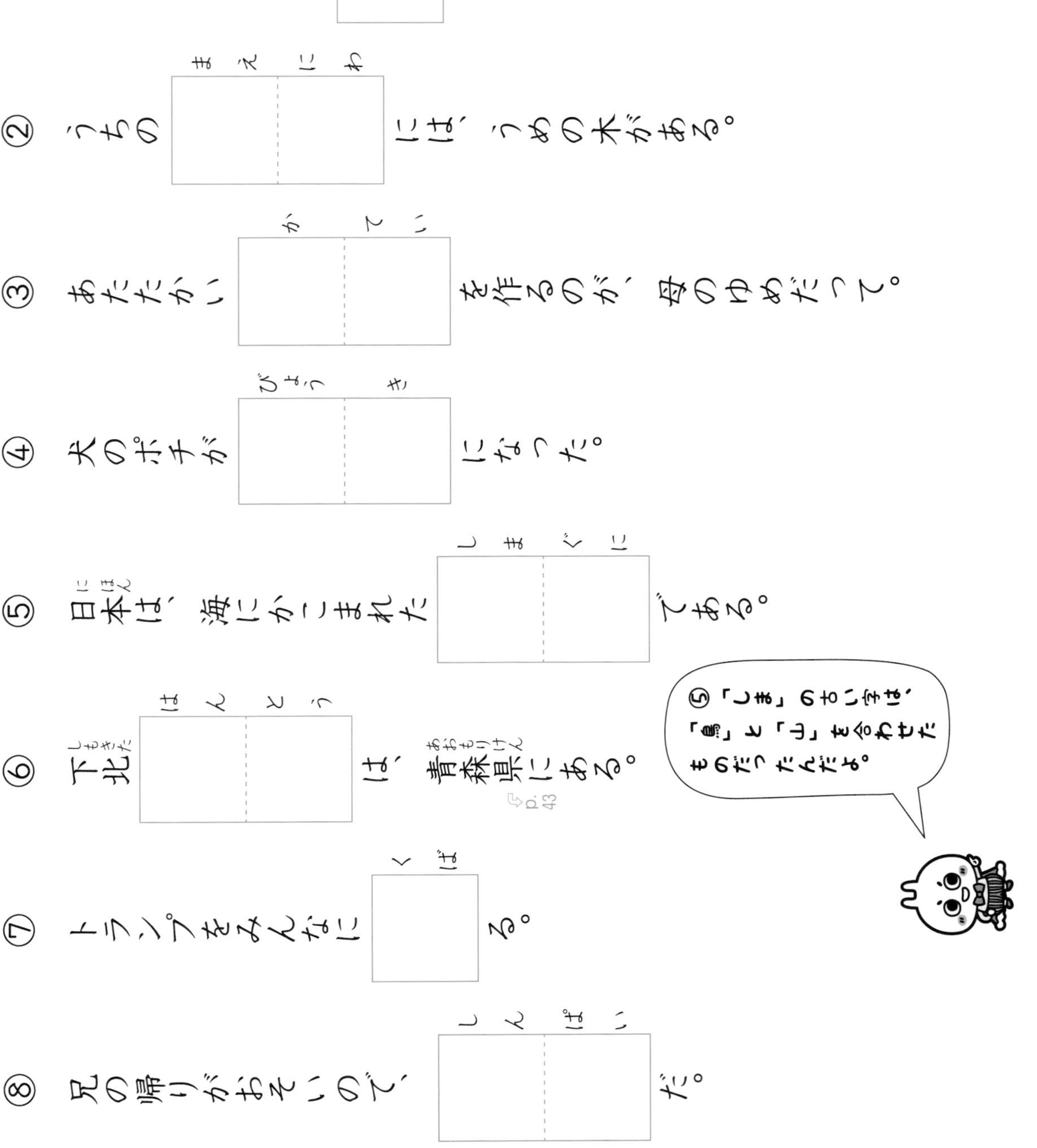

⑤「しま」のもとの字は、「鳥」と「山」を合わせたものだったんだよ。

① 「はやい」を「早い」と書くと、時間が早いという意味(いみ)になります。ここではスピードのことです。

名前
月
日
目標時間 20分
合かく80点
/100点

33 まとめのテスト5

1 ――の漢字の読みがなを書きなさい。　48点（一つ4）

① テレビの 画面 を食い入るように見つめる。

② 近くでさわぎが 起 きている。

③ 畑 でざっ草の 根 をひっこぬく。

④ 大きく 息 をすう。

⑤ 美 しい 庭 がひょうばんだ。

⑥ そう 庫 前に、安売りの 品 をならべる。

⑦ 王宮 を見学する。

⑧ ゲームでおしくも 負 ける。

⑨ 父は 洋酒 がもっともすきだ。

2 □にあてはまる漢字を書きなさい。

52点（1つ4）

① かばんに□(に)物をたくさん入れる。

② だれが食べたのか、ケーキが一こ□(き)えた。

③ □□(ぜんいん)の□□(しゃしん)がある。

④ 電車の□□(じそく)を計る。

⑤ ランナーは、□□(ろくびょう)おくれて□□(しゅっぱつ)した。

⑥ □□(びょういん)で先生にみてもらう。

⑦ お中元に、お□(さけ)を□(くば)るそうだ。

⑧ □□□(たいせいよう)の□(しま)。

⑨ サンダルが川に□(なが)されてしまう。

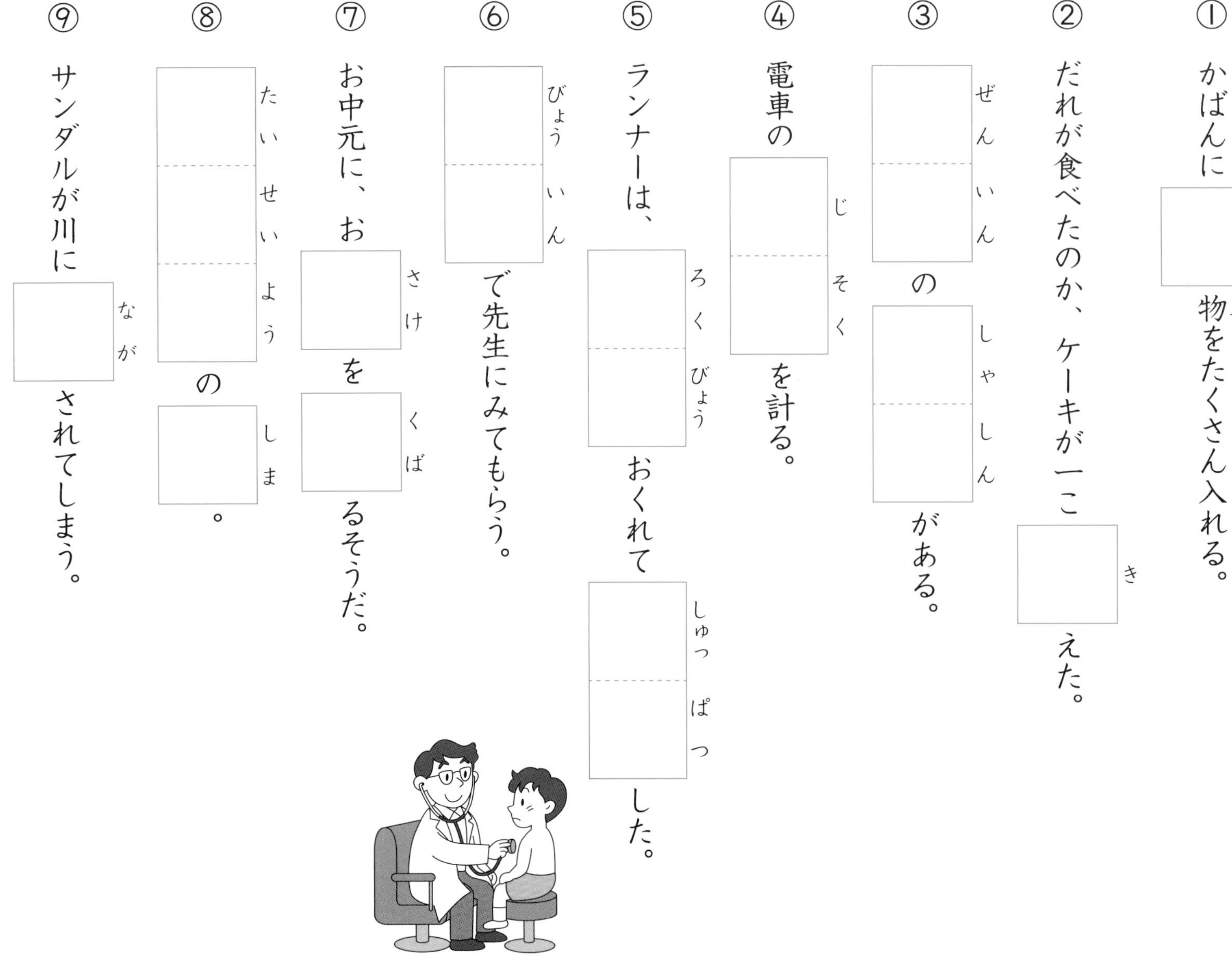

きほんのドリル

10画・11画　倍・勉・旅・族・悪

目標時間（ひょう）15分　合かく80点　/100点

名前　　月　日

書いておぼえよう！

			言葉	部首
倍（長く）	10画	おん：バイ	倍数（ばいすう）　二倍（にばい）　十倍（じゅうばい）	亻（にんべん）
勉（上にはねる）	10画	おん：ベン	勉強（べんきょう）　勉学（べんがく）	力（ちから）
旅（とめる）	10画	おん：リョ　くん：たび	旅行（りょこう）　旅先（たびさき）　旅（たび）をする	方（ほうへん・かたへん）
族	11画	おん：ゾク	家族（かぞく）　一族（いちぞく）　民族（みんぞく）　王族（おうぞく）	方（ほうへん・かたへん）
悪	11画	おん：アク（オ）　くん：わるい	悪人（あくにん）　悪事（あくじ）　悪（わる）い　悪者（わるもの）	心（こころ）

1 読みがなを書いてから、なぞりなさい。　20点（一つ4）

① 二倍（　　）

② 勉強（　　）

③ 旅行（　　）

④ 家族（　　）

⑤ 悪人（　　）

80点（一つ10）

2 □にあてはまる漢字を書きなさい。

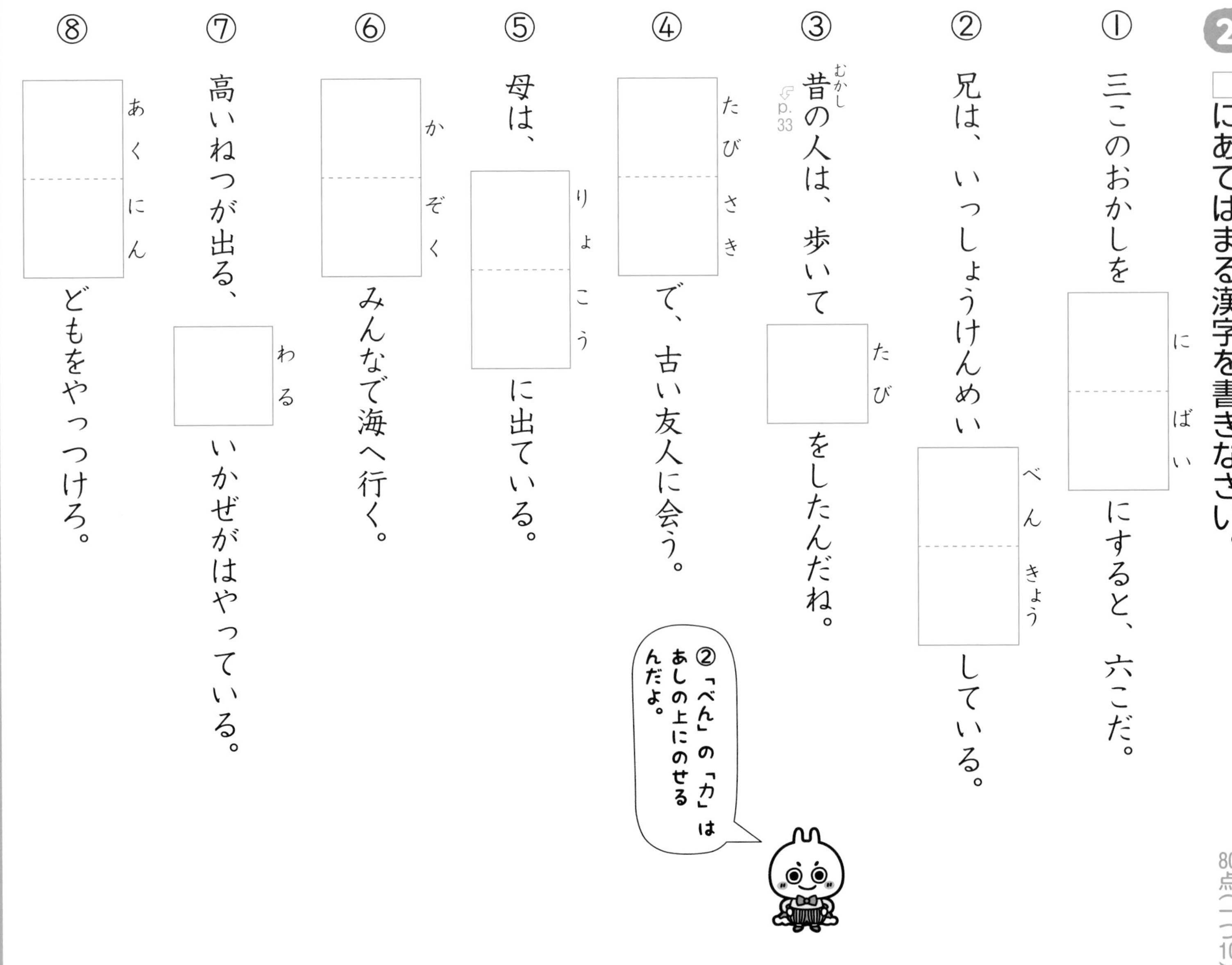

① 三このおかしを □□（にばい） にすると、六こだ。

② 兄は、いっしょうけんめい □□（べんきょう） している。

③ 昔（むかし）の人は、歩いて □（たび） をしたんだね。

☞p.33

④ □□（たびさき） で、古い友人に会う。

⑤ 母は、□□（りょこう） に出ている。

⑥ □□（かぞく） みんなで海へ行く。

⑦ 高いねつが出る、□（わる） いかぜがはやっている。

⑧ □□（あくにん） どもをやっつけろ。

① 「にばい」は、同じ数をふたつ合わせること、「三ばい」は、三つ合わせることです。
④ 「たびさき」というのは、たびをしている場所（ばしょ）の意味（いみ）です。

35 きほんのドリル

11画 球・祭・終・習・宿

名前　月　日　目標時間 15分　合かく80点　/100点

書いておぼえよう!

球（わすれない）
おん：キュウ　くん：たま
言葉：電球（でんきゅう）　地球（ちきゅう）　ゴルフの球（たま）
部首：王（おうへん・たまへん）
11画：一 T 千 王 王 玎 玎 玎 球 球 球

祭（出る）
おん：サイ　くん：まつる　まつり
言葉：祭日（さいじつ）　先祖（せんぞ）を祭（まつ）る　秋祭（あきまつ）り
部首：示（しめす）
11画：ノ ク タ タ ダ 奴 奴 怒 祭 祭 祭

終
おん：シュウ　くん：おわる　おえる
言葉：終日（しゅうじつ）　授業（じゅぎょう）が終（お）わる　終（お）える
部首：糸（いとへん）
11画：く 幺 幺 糸 糸 糸 糸 紗 終 終 終

習（むきにちゅうい!）
おん：シュウ　くん：ならう
言葉：習字（しゅうじ）　学習（がくしゅう）　自習（じしゅう）　絵（え）を習（なら）う
部首：羽（はね）
11画：フ ヲ ヲ 刃 羽 羽 羽 羽 習 習 習

宿
おん：シュク　くん：やど　やどる　やどす
言葉：宿題（しゅくだい）　宿屋（やどや）　宿（やど）る　宿（やど）す
部首：宀（うかんむり）
11画：丶 丷 宀 宀 宀 宀 宀 宀 宿 宿 宿

1 読みがなを書いてから、なぞりなさい。 20点（一つ4）

① 地球（　　）
② 秋祭り（　　）
③ 終わる（　　）
④ 学習（　　）
⑤ 宿る（　　）

 80点（一つ10）

2 □にあてはまる漢字（かんじ）を書きなさい。

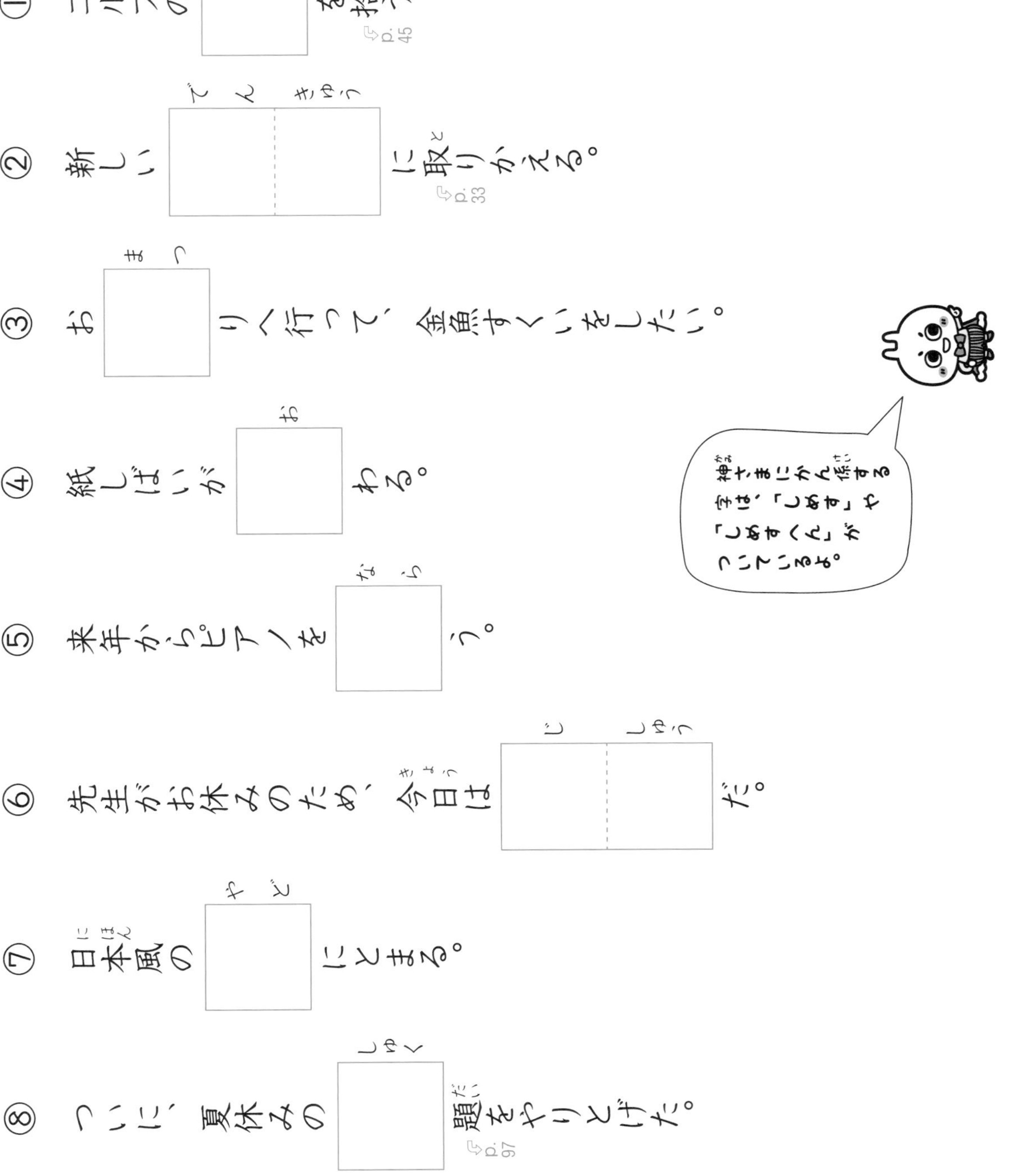

① ゴルフの□（たま）を拾（ひろ）う。 ☞p.45

② 新しい□□（でんきゅう）に取（と）りかえる。 ☞p.33

③ お□（まつ）りへ行って、金魚すくいをしたい。

④ 紙しばいが□（お）わる。

⑤ 来年からピアノを□（なら）う。

⑥ 先生がお休みのため、今日（きょう）は□□（じしゅう）だ。

⑦ 日本（にほん）風の□（やど）にとまる。

⑧ ついに、夏休みの□（しゅく）題（だい）をやりとげた。 ☞p.97

① 「たま」には、このほか「玉」「弾」と書くときがあります。「玉」は、美（うつく）しいもの・宝石（ほうせき）などの意味（いみ）があり、「弾」は、ピストルなどにつめてうつものをいいます。

36 きほんのドリル

11画 商・章・深・進・第

名前　　月　日　目標時間15分　合かく80点　/100点

書いておぼえよう！

商（11画）はねる
- おん：ショウ
- くん：（あきなう）
- 言葉：商売（しょうばい）　商業（しょうぎょう）　商品（しょうひん）　商人（しょうにん）
- 部首：口（くち）

章（11画）長く
- おん：ショウ
- 言葉：文章（ぶんしょう）　記章（きしょう）　楽章（がくしょう）　校章（こうしょう）
- 部首：立（たつ）

深（11画）
- おん：シン
- くん：ふかい　ふかまる　ふかめる
- 言葉：深海（しんかい）　深い（ふかい）　深まる（ふかまる）　深める（ふかめる）
- 部首：氵（さんずい）

進（11画）
- おん：シン
- くん：すすむ　すすめる
- 言葉：進行（しんこう）　進歩（しんぽ）　前へ進む（まえへすすむ）　進める（すすめる）
- 部首：⻌（しんにょう・しんにゅう）

第（11画）はねる
- おん：ダイ
- 言葉：第一（だいいち）　第三者（だいさんしゃ）　落第（らくだい）
- 部首：⺮（たけかんむり）

1 読みがなを書いてから、なぞりなさい。 20点（一つ4）

① 商品（　　　）

② 文章（　　　）

③ 深い（　　　）

④ 進める（　　　）

⑤ 第三者（　　　）

80点（一つ10）

2 □にあてはまる漢字（かん）を書きなさい。

① おじいさんは、一人（ひとり）で［しょう｜ばい］を始（はじ）めたそうだ。 ☞p.31

② きれいに［ぶん｜しょう］を書き写（うつ）す。 ☞p.7

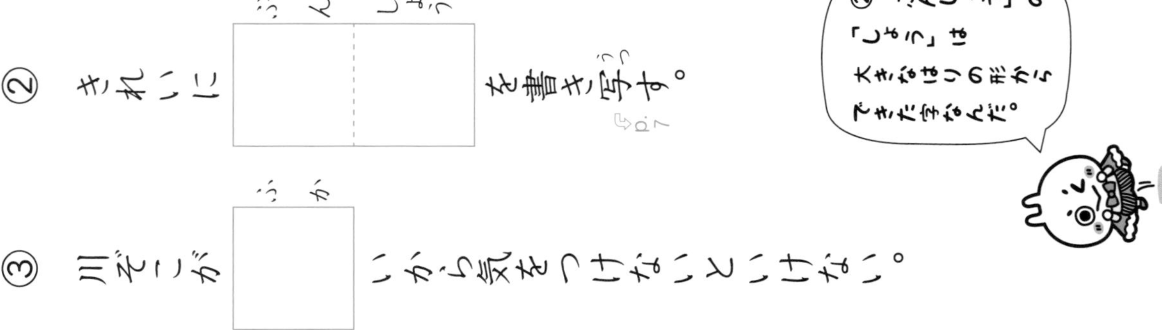

②「ぶんしょう」の
「しょう」は
大きなはりの形から
できた字なんだ。

③ 川ぞこが［ふか］いから気をつけないといけない。

④ 虫の鳴き声がして、秋が［ふか］まった、と父が言う。

⑤ ［しん｜かい］にもぐって、魚のしゅるいを調（しら）べる。 ☞p.95

⑥ 少しずつ前へ［すす］んでいく。

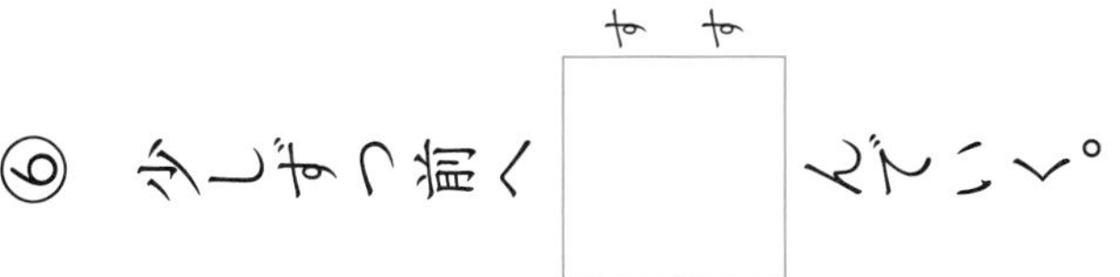

⑦ プログラムにそって、音楽会が［しん｜こう］していく。

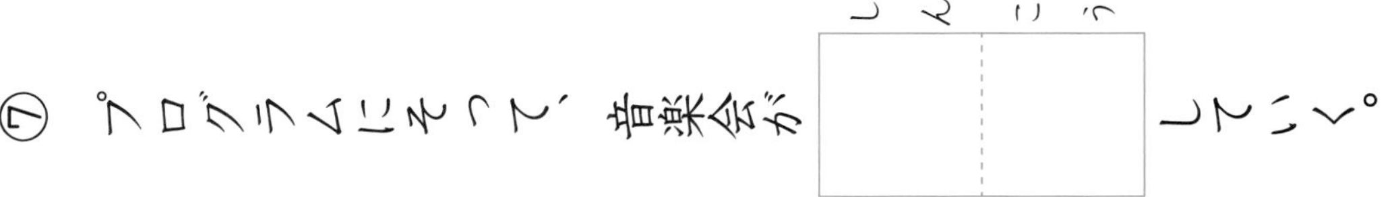

⑧ 日本（にほん）のせん手は、［だい｜いち］コースだ。

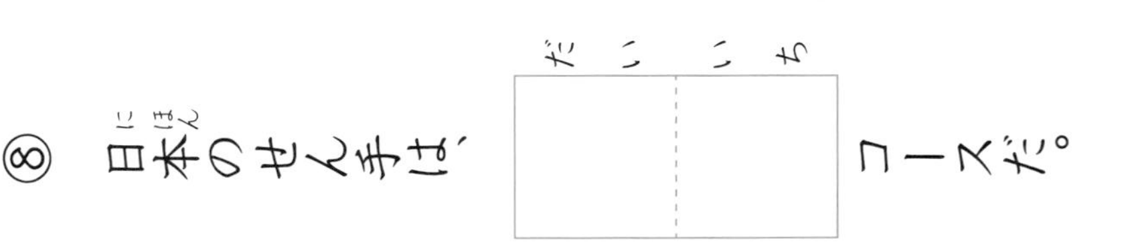

④「ふかまる」は、程度（ていど）や度合いがすすむことで、「理解（りかい）がふかまる」「知識（ちしき）がふかまる」などという言い方をします。

37 きほんのドリル

11画 帳・笛・転・都・部

名前　月　日　目標時間 15分　合かく80点　/100点

書いておぼえよう!

帳（11画）
おん：チョウ
言葉：帳面（ちょうめん）　通帳（つうちょう）　地図帳（ちずちょう）
部首：巾（はばへん・きんべん）

笛（11画）
おん：テキ　くん：ふえ
言葉：汽笛（きてき）　笛（ふえ）をふく　口笛（くちぶえ）　横笛（よこぶえ）
部首：⺮（たけかんむり）

転（11画）
おん：テン　くん：ころがる　ころげる　ころがす　ころぶ
言葉：転校（てんこう）　転（ころ）がる　転（ころ）げる　転（ころ）がす
部首：車（くるまへん）

都（11画）
おん：ツ　ト　くん：みやこ
言葉：都会（とかい）　都合（つごう）　花（はな）の都（みやこ）　都落（みやこお）ち
部首：阝（おおざと）

部（11画）
おん：ブ
言葉：部分（ぶぶん）　部活動（ぶかつどう）　全部（ぜんぶ）　部首（ぶしゅ）
部首：阝（おおざと）

1 読みがなを書いてから、なぞりなさい。 20点（一つ4）

① 帳面（　　）
② 汽笛（　　）
③ 転がる（　　）
④ 都会（　　）
⑤ 部首（　　）

2 □にあてはまる漢字(かん)を書きなさい。　80点(一つ10)

① □□□(ち・ず・ちょう)で、県(けん)の名前をたしかめる。 ☞p.43

② □(ふえ)をふいている少年の絵を見た。

③ ボールを□(ころ)がす。

④ 石につまずいて□(ころ)ぶ。

⑤ なかよしの友だちが□□(てん・こう)してしまった。

⑥ ビルのたちならぶ□□(と・かい)に緑(みどり)の木をふやす。 ☞p.93

⑦ 相手(あい)の□□(つ・ごう)を聞いてから、家をたずねる。 ☞p.47

⑧ 三年生で漢字の□□(ぶ・しゅ)を習(なら)う。 ☞p.89 ☞p.67

こるがりやすいのは、車だな。

③ある物(もの)を「ころがす」、④自分が「ころぶ」となります。
⑧表(おもて)のページの「書いておぼえよう」に、ぶしゅをしめしています。

38 きほんのドリル

11画・12画　動・問・飲・運・軽

名前　　月　日　目標時間 15分　合かく80点　/100点

書いておぼえよう!

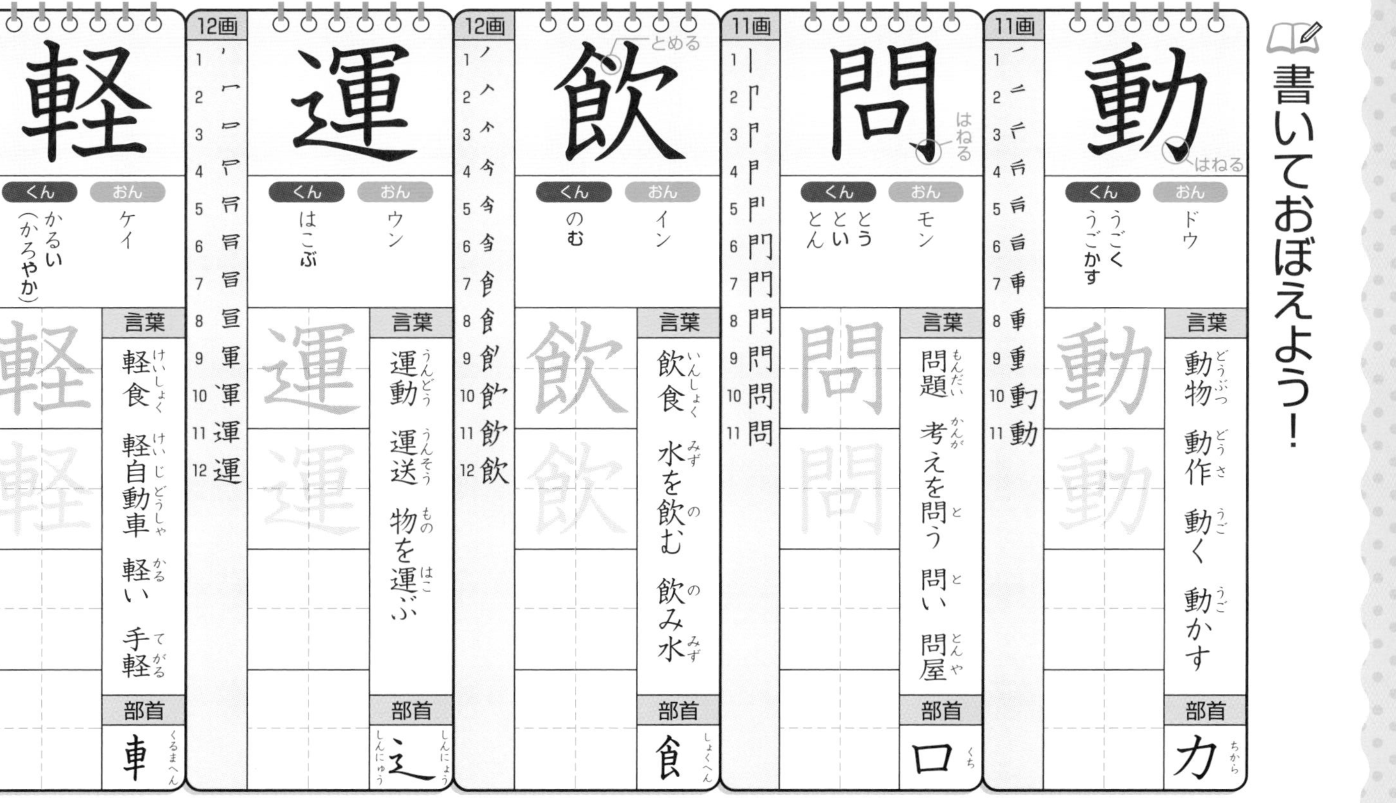

動（11画）はねる
おん：ドウ　くん：うごく、うごかす
言葉：動物（どうぶつ）、動作（どうさ）、動く（うごく）、動かす（うごかす）
部首：力（ちから）

問（11画）はねる
おん：モン　くん：とう、とい、とん
言葉：問題（もんだい）、考えを問う（かんがえをとう）、問い（とい）、問屋（とんや）
部首：口（くち）

飲（12画）とめる
おん：イン　くん：のむ
言葉：飲食（いんしょく）、水を飲む（みずをのむ）、飲み水（のみみず）
部首：食（しょくへん）

運（12画）
おん：ウン　くん：はこぶ
言葉：運動（うんどう）、運送（うんそう）、物を運ぶ（ものをはこぶ）
部首：辶（しんにょう・しんにゅう）

軽（12画）
おん：ケイ　くん：かるい、（かろやか）
言葉：軽食（けいしょく）、軽自動車（けいじどうしゃ）、軽い（かるい）、手軽（てがる）
部首：車（くるまへん）

1 読みがなを書いてから、なぞりなさい。　20点（一つ4）

①　動物（　　　）
②　問題（　　　）
③　飲み水（　　　）
④　運動（　　　）
⑤　軽い（　　　）

2 □にあてはまる漢字(かんじ)を書きなさい。

① 汽車が、ゆっくりと□(うご)きだした。

② 手足をのばす□□(どうさ)をする。

③ 「なぜですか。」と、先生は□(と)いかける。

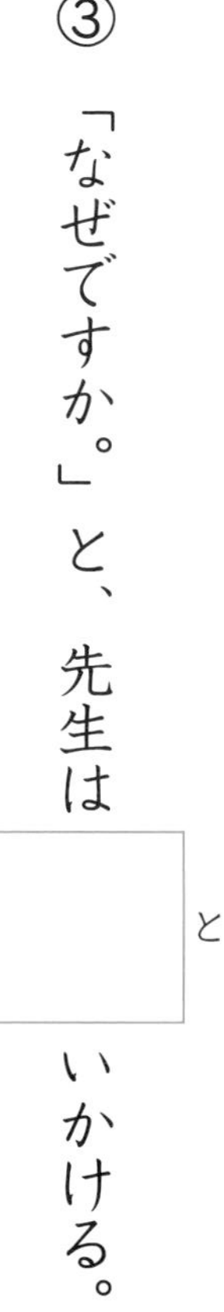

④ 国語の□(もん)題(だい)をとく。

☞p.97

⑤ ごくごくと水を□(の)む。

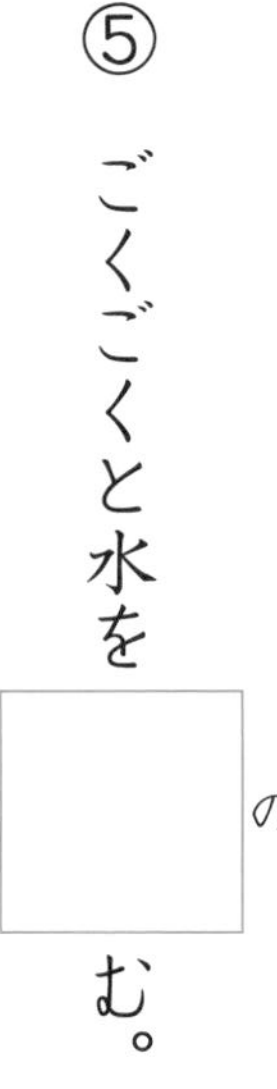

⑥ しばふの中での□□(いんしょく)はだめだそうだ。

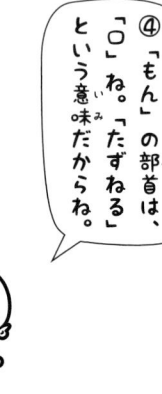

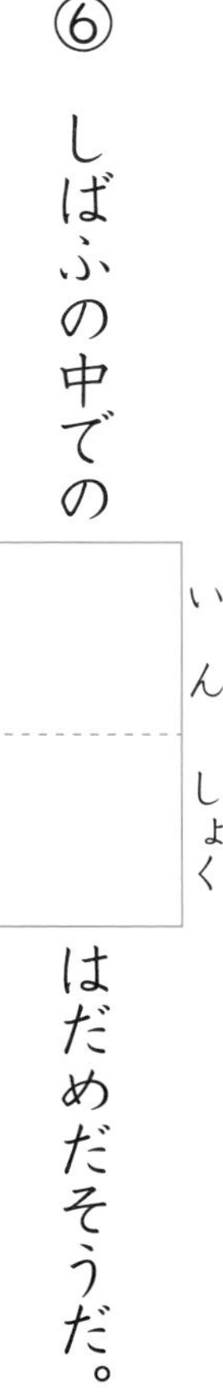

⑦ テーブルをトラックで□(はこ)ぶ。

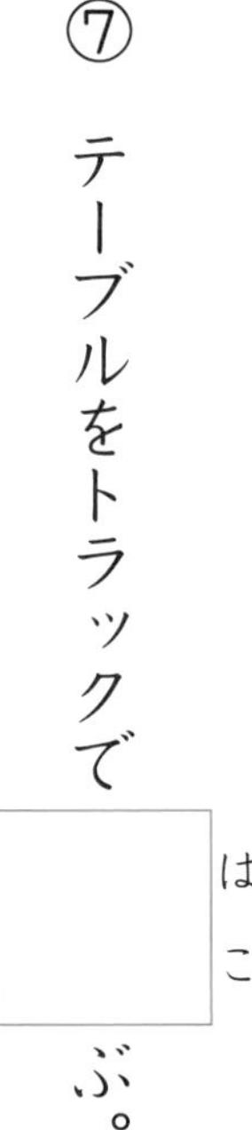

⑧ 羽のように□(かる)いコート。

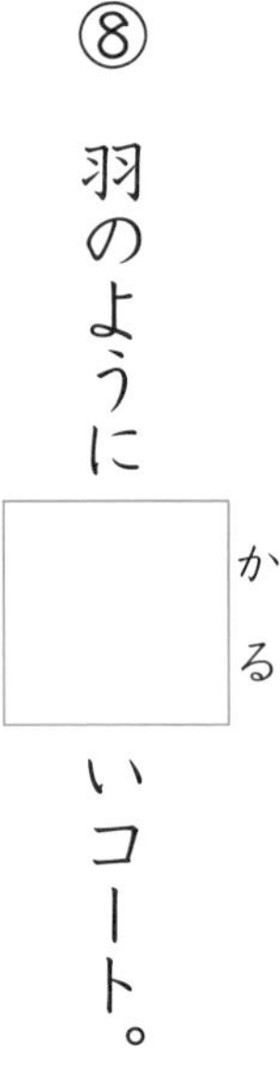

④「もん」の部首(ぶ)は、「口」ね。「たずねる」という意味(いみ)だからね。

② 「どうさ」の「さ」は、「さ業(ぎょう)」の「さ」と同じです。
⑥ 「いんしょく」とは、のんだり、たべたりすることです。

39 まとめのテスト6

一 ——の漢字の読みがなを書きなさい。 48点（一つ4）

① 世界を旅行したい。

② 都会のネオンが美しい。

③ 父は、軽トラックを持っている。

④ 算数の勉強を進んでする。

⑤ 野球のしあいを見に行く。

⑥ テレビを近くで見ていると、目が悪くなると言われる。

⑦ いとこが遊びに来て、家族がまるで倍になったようだ。

⑧ 父の口ぐせは、「何事も、けんこう第一だ。」です。

⑨ 手帳に短い文章を写す。

2 □にあてはまる漢字を書きなさい。

52点（一つ4）

① 上手(じょうず)に □(ふえ) をふく。

② 今から、ミュージカルの前半 □(ぶ) 分が始(はじ)まる。

③ □(もん) 題(だい)をしっかり読み取(と)る。

④ □(ふか) い森の中にある □(やど) 。

⑤ 父にそろばんを □(なら) う。

⑥ □(どう) 物(ぶつ)園に行く。

⑦ □(みやこ) で □□(しょうばい) を始める。

⑧ お酒(さけ)を □(の) んで □□(うんてん) するのはだめだ。

⑨ □(まつ) りがとうとう □(お) わってしまった。

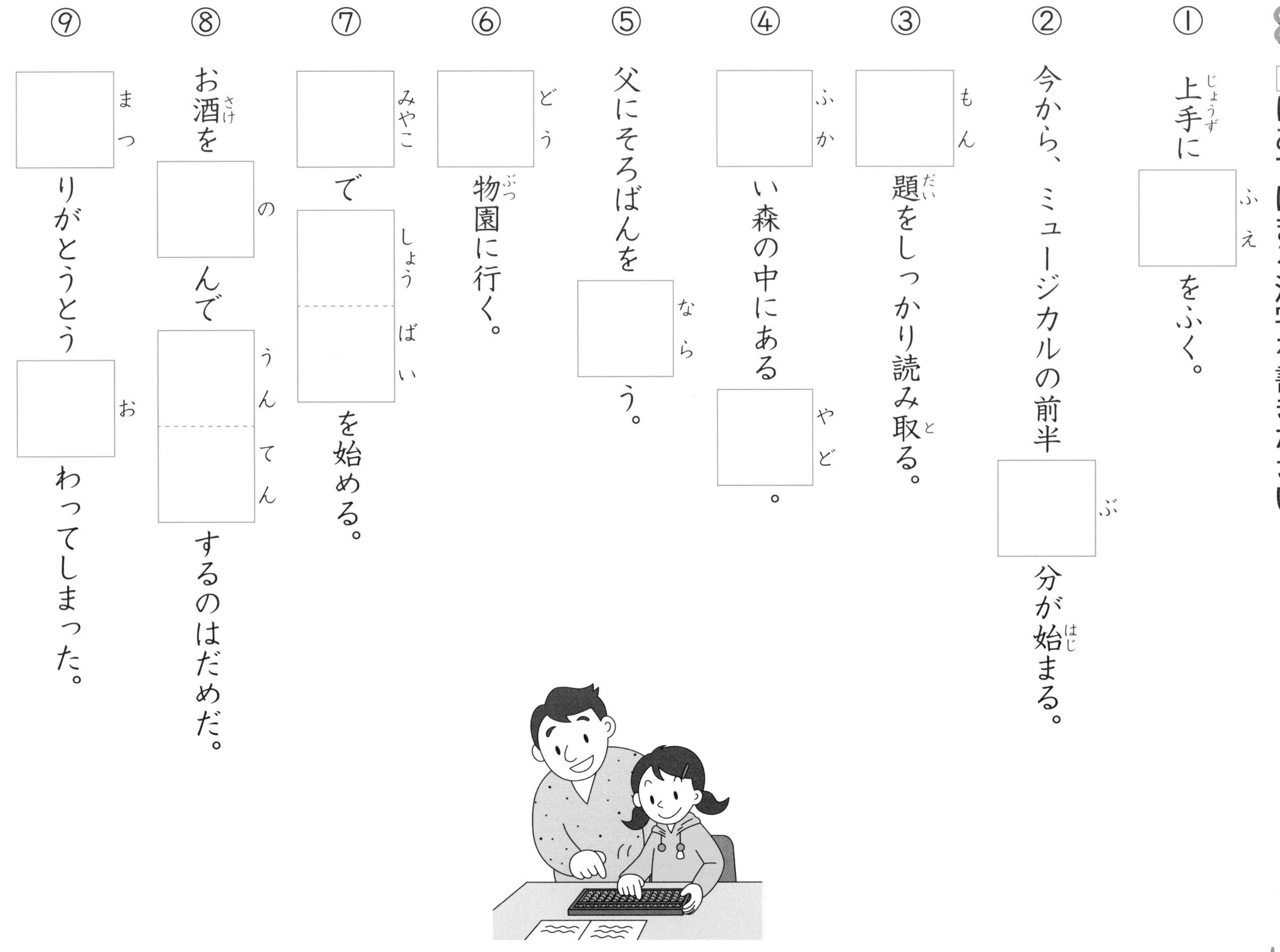

40 きほんのドリル

12画 開・階・寒・暑・期

名前　月　日　目標時間 15分　合かく80点　/100点

書いておぼえよう！

開（12画）
おん：カイ
くん：ひらく　ひらける　あく　あける
言葉：開会式（かいかいしき）　開門（かいもん）　開く（ひらく）　開く（あく）
部首：門（もんがまえ）

階（12画）上にはねる
おん：カイ
言葉：二階（にかい）　音階（おんかい）　階段（かいだん）　階下（かいか）
部首：阝（こざとへん）

寒（12画）
おん：カン
くん：さむい
言葉：寒気（かんき）　寒風（かんぷう）　寒空（さむぞら）　寒い冬（さむいふゆ）
部首：宀（うかんむり）

暑（12画）出る
おん：ショ
くん：あつい
言葉：暑中（しょちゅう）　暑い夏（あついなつ）　暑苦しい（あつくるしい）
部首：日（ひ）

期（12画）はねる
おん：キ（ゴ）
言葉：期限（きげん）　二学期（にがっき）　予期（よき）　期間（きかん）
部首：月（つき）

1 読みがなを書いてから、なぞりなさい。　20点（一つ4）

① 開門（　　）
② 音階（　　）
③ 寒い（　　）
④ 暑い（　　）
⑤ 二学期（　　）

2 □にあてはまる漢字(かん)を書きなさい。

① ドアをそっと □(あ) けると、赤ちゃんがねていた。

② オリンピックの □□(かいかい) 式(しき)を見たい。☞p.17

③ □□(にかい) に上がって、せんたく物(もの)をほす。☞p.37

④ うっすらと雲におおわれた □□(さむぞら) だ。

⑤ のきにつられた大根(こん)が、□□(かんぷう) にさらされている。☞p.57

⑥ □(あつ) い夏は、プールが一番だ。

⑦ おじいさんへ □□(しょちゅう) みまいのはがきを出す。

⑧ もうすぐ □□□(にがっき) が始(はじ)まる。☞p.31

②・③「かい」という読みの漢字は、たくさんありますから、使(つか)い分けに気をつけましょう。④「さむ（い）」「そら」は訓(くん)読み、⑤「かん」「ぷう」は音読み、漢字の言葉(ことば)にはこのような組み合わせが多くあります。

41 きほんのドリル

12画 温・湖・港・湯・陽

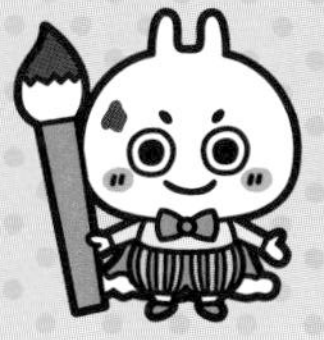

名前　月　日　目標時間 15分　合かく80点　/100点

書いておぼえよう！

温（長く）
- おん：オン
- くん：あたたか、あたたかい、あたたまる、あたためる
- 言葉：気温（きおん）、温か（あたた）、温かい（あたた）、温まる（あたた）
- 部首：氵（さんずい）
- 12画：1 丶 2 冫 3 氵 4 氵 5 汈 6 沪 7 沪 8 涅 9 涅 10 温 11 温 12 温

湖（はねる）
- おん：コ
- くん：みずうみ
- 言葉：湖岸（こがん）、湖水（こすい）、広い（ひろ）、湖（みずうみ）
- 部首：氵（さんずい）
- 12画：1 丶 2 冫 3 氵 4 氵 5 汁 6 汁 7 沽 8 沽 9 湖 10 湖 11 湖 12 湖

港（はねる）
- おん：コウ
- くん：みなと
- 言葉：空港（くうこう）、出港（しゅっこう）、入港（にゅうこう）、港町（みなとまち）
- 部首：氵（さんずい）
- 12画：1 丶 2 冫 3 氵 4 氵 5 汁 6 汫 7 洪 8 洪 9 洪 10 港 11 港 12 港

湯（はねる）
- おん：トウ
- くん：ゆ
- 言葉：湯治（とうじ）、熱湯（ねっとう）、ふろの湯（ゆ）、湯気（ゆげ）
- 部首：氵（さんずい）
- 12画：1 丶 2 冫 3 氵 4 氵 5 汈 6 沪 7 沪 8 浧 9 浧 10 湯 11 湯 12 湯

陽（はねる）
- おん：ヨウ
- 言葉：陽気（ようき）、陽光（ようこう）、太陽（たいよう）
- 部首：阝（こざとへん）
- 12画：1 ㇇ 2 阝 3 阝 4 阝 5 阝 6 阝 7 阝 8 阝 9 阝 10 陽 11 陽 12 陽

1 読みがなを書いてから、なぞりなさい。 20点（一つ4）

① 温かい（　　）
② 湖水（　　）
③ 空港（　　）
④ 湯気（　　）
⑤ 太陽（　　）

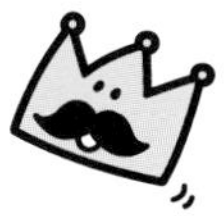

❷ □にあてはまる漢字を書きなさい。

80点（一つ10） 80

① 家族の□（あたた）かい思いやりにささえられている。　☞p.65

② ミルクを□（あたた）めてもらって飲む。　☞p.73

③ 外の□□（きおん）は三十度だ。　☞p.49

④ びわこは、とても大きな□（みずうみ）だ。

⑤ 大きな外国船がとまっている□（みなと）だ。

⑥ 船が□□（にゅうこう）してきた。

⑦ □□（ゆげ）でめがねがくもった。

⑧ 姉はとても□□（ようき）で楽しい人だ。

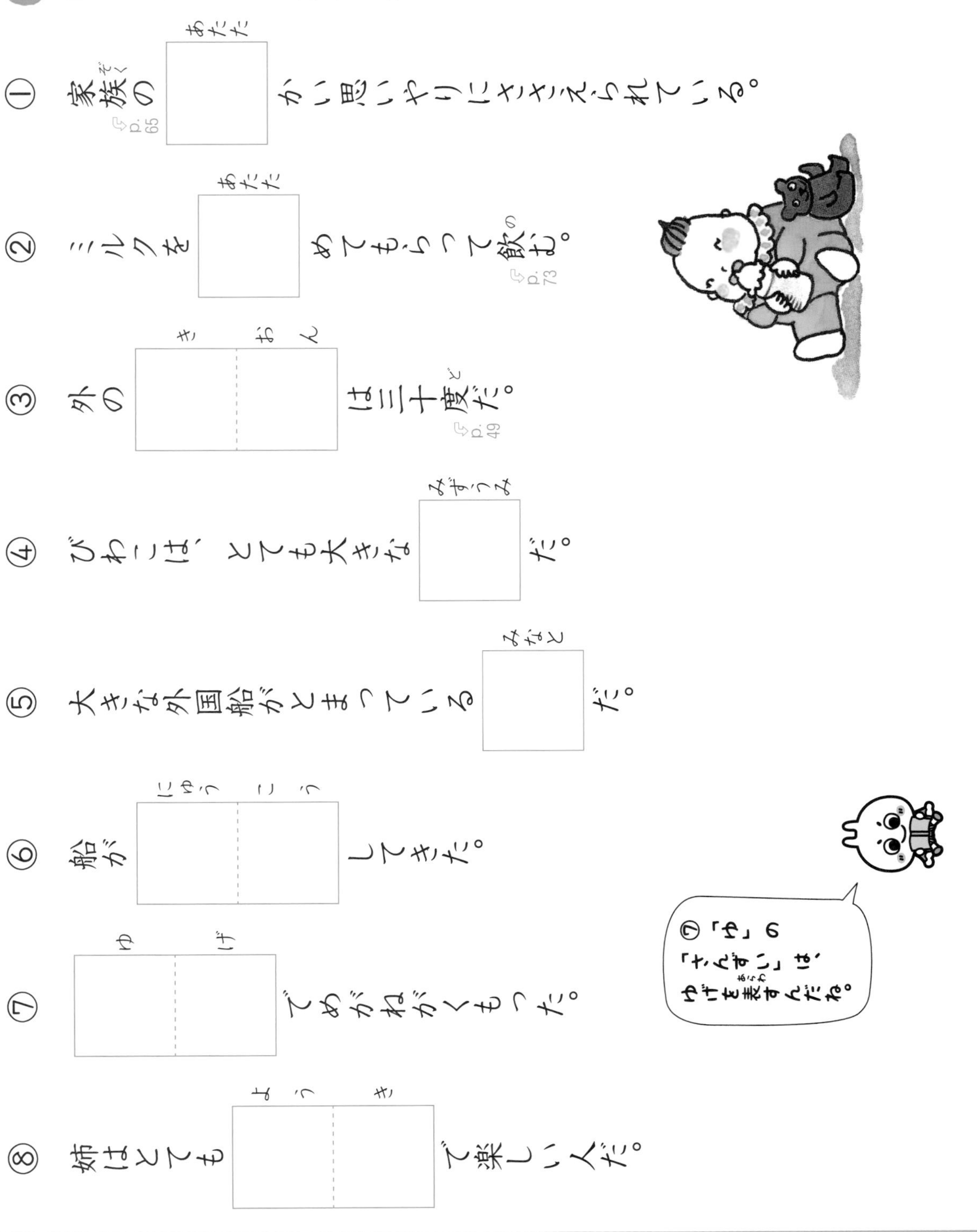

⑦「ゆ」の
「さんずい」は、
ゆげを表すんだね。

①・②この字とまちがえやすいのが、六年で習う「暖かい」です。①・②は「冷たい」の反対、「暖かい」は「寒い」の反対というように、使い分けましょう。

42 きほんのドリル

12画 歯・集・植・勝・短

名前　　月　日　目標時間 15分　合かく80点　/100点

書いておぼえよう！

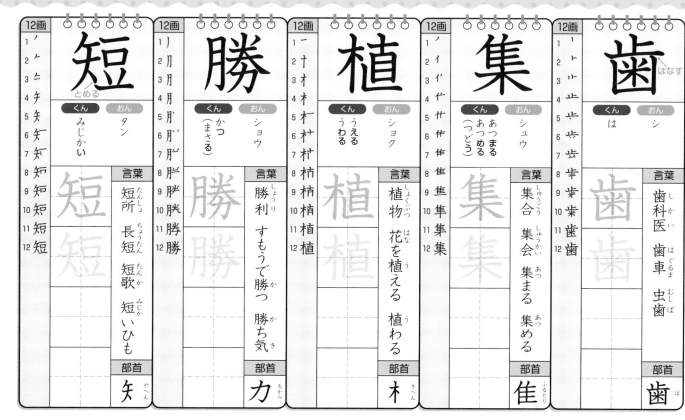

歯（はなす）12画
くん：は　おん：シ
言葉：歯科医（しかい）　歯車（はぐるま）　虫歯（むしば）
部首：歯（は）

集 12画
くん：あつまる　あつめる　（つどう）　おん：シュウ
言葉：集合（しゅうごう）　集会（しゅうかい）　集まる（あつ）　集める（あつ）
部首：隹（ふるとり）

植 12画
くん：うえる　うわる　おん：ショク
言葉：植物（しょくぶつ）　花を植える（はな・う）　植わる（う）
部首：木（きへん）

勝 12画
くん：かつ　（まさる）　おん：ショウ
言葉：勝利（しょうり）　すもうで勝つ（か）　勝ち気（か・き）
部首：力（ちから）

短（とめる）12画
くん：みじかい　おん：タン
言葉：短所（たんしょ）　長短（ちょうたん）　短歌（たんか）　短いひも（みじか）
部首：矢（やへん）

1 読みがなを書いてから、なぞりなさい。
20点（一つ4）

① 虫歯（　　）
② 集まる（　　）
③ 植える（　　）
④ 勝つ（　　）
⑤ 短い（　　）

2 □にあてはまる漢字(かんじ)を書きなさい。

① 今朝(けさ)からおくの □(は) がいたい。

② 広場に □(あつ) まる。

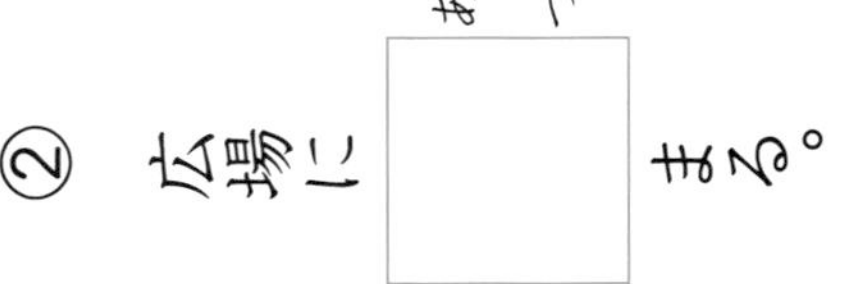

③ 庭(にわ)にチューリップを □(う) える。 ☞p.61

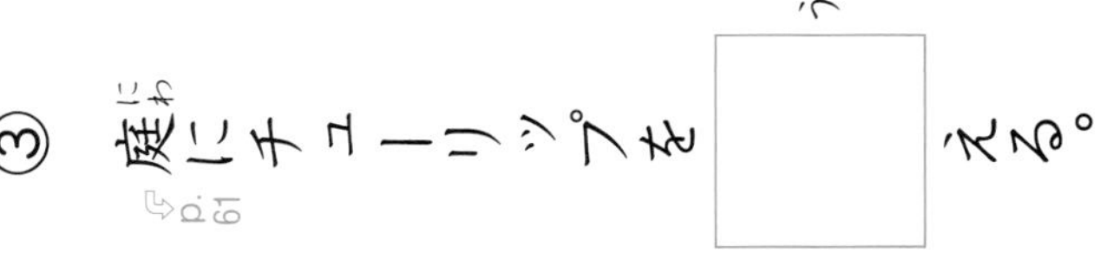

③「うえる」は、木を
まっすぐに立てる
という意味(いみ)だよ。

④ □(しょく) 物(ぶつ)園へ行く。 ☞p.37

⑤ しあいに □(か) つことだけを、目ひょうにする。

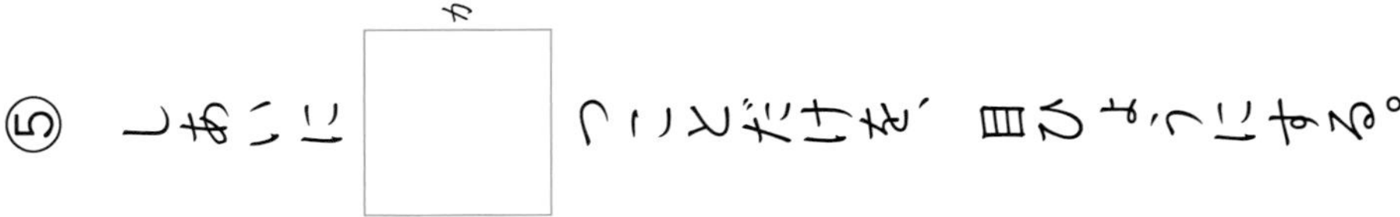

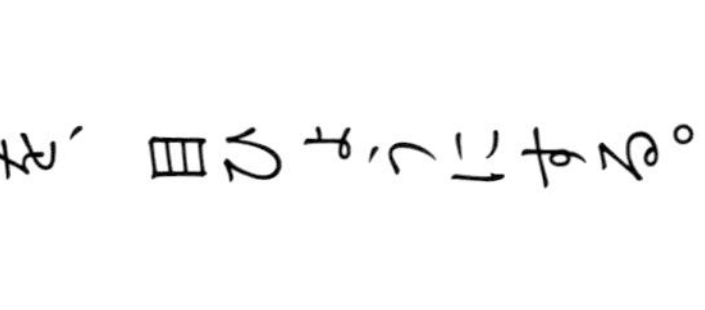

⑥ わが国の □(しょう) りは、もうすぐだ。

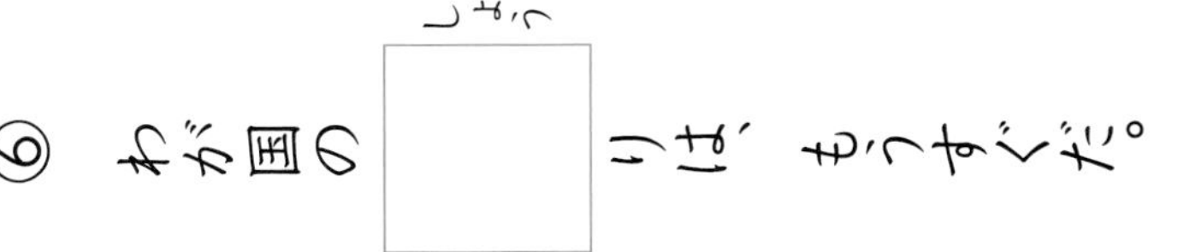

⑦ ダンボールをくくるのに、ひもが □(みじか) すぎる。

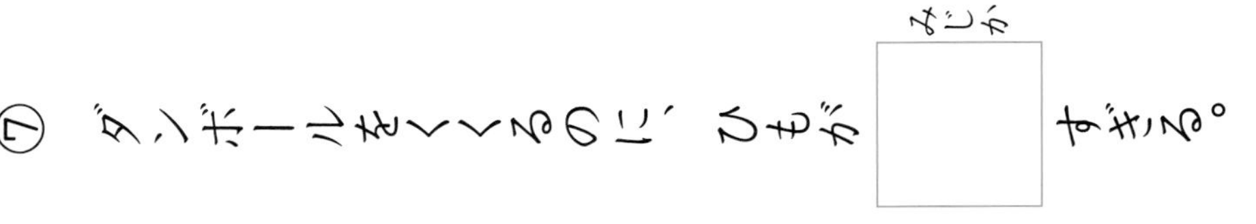

⑧ すぐにおこりだすのが、兄の □(たん) 所(しょ)だ。 ☞p.35

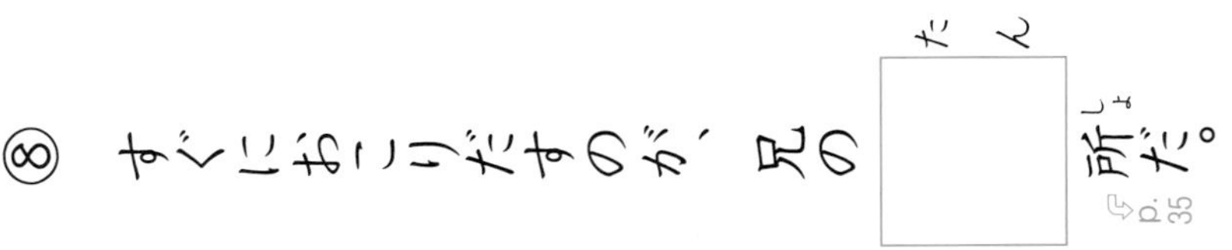

⑦ 送(おく)りがなをまちがえやすいので注意(ちゅうい)しましょう。
⑧「長」と反対(はんたい)の意味で使(つか)われることが多いです。

43 きほんのドリル

12画 着・登・等・筆・童

名前　　月　日　目標時間 15分　合かく80点　/100点

書いておぼえよう！

着（12画）
- おん：チャク（ジャク）
- くん：きる・きせる・つく・つける
- 言葉：着地（ちゃくち）　着る（きる）　落ち着く（おちつく）
- 部首：羊（ひつじ）

登（12画）
- おん：トウ・ト
- くん：のぼる
- 言葉：登校（とうこう）　登山（とざん）　山に登る（やまにのぼる）
- 部首：癶（はつがしら）

等（12画）
- おん：トウ
- くん：ひとしい
- 言葉：等分（とうぶん）　上等（じょうとう）　平等（びょうどう）　数が等しい（かずがひとしい）
- 部首：⺮（たけかんむり）

筆（12画）
- おん：ヒツ
- くん：ふで
- 言葉：毛筆（もうひつ）　太い筆（ふといふで）　筆入れ（ふでいれ）
- 部首：⺮（たけかんむり）

童（12画）
- おん：ドウ
- くん：（わらべ）
- 言葉：童心（どうしん）　童話（どうわ）　童顔（どうがん）　学童（がくどう）
- 部首：立（たつ）

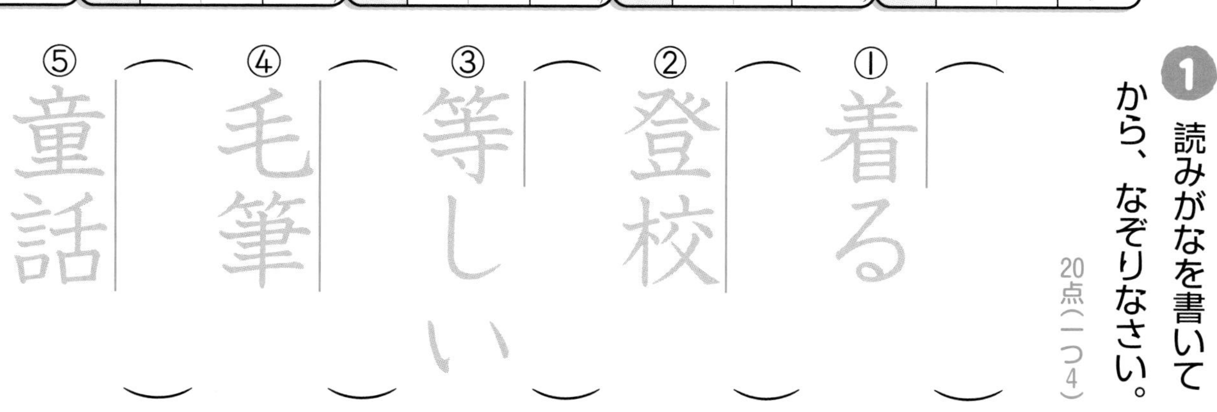

1 読みがなを書いてから、なぞりなさい。
20点（一つ4）

① 着る（　　）

② 登校（　　）

③ 等しい（　　）

④ 毛筆（　　）

⑤ 童話（　　）

80点(一つ10)

2 □にあてはまる漢字を書きなさい。

昔、竹のふだを同じ大きさに整えたんだって。それで、「ひとしい」に「竹」の字を使っているんだ。

① 寒いので、今日はコートを□(き)ていく。 ☞p.77

② もうすぐパリの空港に□(つ)く。 ☞p.79

③ 強風がふく中、ひこうきは□□(ちゃくち)した。

④ 山のてっぺんまで□(のぼ)る。

⑤ 今日は、夏休みの□□(とうこう)日だ。

⑥ みかんを三人で□(ひと)しく分ける。

⑦ □□(もうひつ)で手紙を書く。

⑧ ここは、□□(がくどう)の通り道だ。

③「ちゃくち」つまり「ち」に「つく」という意味です。
⑧「がくどう」は、小学校で学ぶ子どものことです。

44 きほんのドリル

12画・13画　悲・遊・葉・落・暗

名前	月　日	目標時間 15分
合かく80点		/100点

書いておぼえよう！

悲（12画）
- おん：ヒ
- くん：かなしい　かなしむ
- 言葉：悲鳴（ひめい）　悲しい話（かなしいはなし）　悲しむ（かなしむ）
- 部首：心（こころ）
- 筆順：1 丿 2 ｸ 3 ｷ 4 ｷ 5 刲 6 非 7 非 8 非 9 非 10 悲 11 悲 12 悲

遊（12画）はねる
- おん：ユウ　（ユ）
- くん：あそぶ
- 言葉：遊園地（ゆうえんち）　回遊（かいゆう）　外で遊ぶ（そとであそぶ）
- 部首：辶（しんにょう・しんにゅう）
- 筆順：1 丶 2 亠 3 う 4 方 5 方 6 方 7 方 8 斿 9 斿 10 斿 11 斿 12 遊

葉（12画）
- おん：ヨウ
- くん：は
- 言葉：落葉（らくよう）　さくらの葉（は）　かれ葉（は）
- 部首：艹（くさかんむり）
- 筆順：1 一 2 十 3 艹 4 艹 5 芊 6 芊 7 苹 8 苹 9 莗 10 莗 11 葉 12 葉

落（12画）
- おん：ラク
- くん：おちる　おとす
- 言葉：落葉（らくよう）　木から落ちる（きからおちる）　落とす（おとす）
- 部首：艹（くさかんむり）
- 筆順：1 一 2 十 3 艹 4 艹 5 艹 6 艹 7 艹 8 莎 9 茨 10 茨 11 落 12 落

暗（13画）長く
- おん：アン
- くん：くらい
- 言葉：暗記（あんき）　暗い夜（くらいよる）　暗がり（くらがり）
- 部首：日（ひへん）
- 筆順：1 丨 2 冂 3 月 4 日 5 日 6 日 7 日 8 日 9 日 10 暗 11 暗 12 暗 13 暗

1 読みがなを書いてから、なぞりなさい。　20点（一つ4）

①（　　）悲しい

②（　　）遊ぶ

③ かれ葉（　　）

④（　　）落ちる

⑤（　　）暗記

2 □にあてはまる漢字(かんじ)を書きなさい。

80点(一つ10)

① 親しい人とわかれるのは、□(かな)しい。

② 森の中から、キャーッという□□(ひめい)が聞こえた。

③ 晴れた日は、外で元気に□(あそ)ぶ。

④ □□□(ゆうえんち)へつれていってもらう。

⑤ 五月は、木の□(は)が美(うつく)しい。 p.53

⑥ 二階(かい)からせんたく物(もの)を□(お)とす。 p.77 p.37

⑦ 冬は、夕方になると、もう□(くら)い。

⑧ テストの前に丸□□(あんき)する。

③「あそぶ」のは子どもだね。「子」という字が使(つか)われているよ。

① 気持(きも)ちを表(あらわ)す漢字には、「心」がついているものが多いです。「感」「意」「思」「想」など。
④「貯水池(ちょすいち)」「電池」など、「ち」を「池」と書く場合もあります。

45 まとめのテスト7

名前

月　日

目標時間 20分

合かく80点

/100点

1 ——の漢字の読みがなを書きなさい。 48点（一つ4）

① 日が落ちてうす暗い。

② うめたて地に空港を開港する。

③ 公園で遊ぶ。

④ ぼくの学校は、五階だてだ。

⑤ 一学期のふく習をする。

⑥ 弟に童話を読んでやる。

⑦ 庭にたくさんの花を植える。

⑧ 上と下の歯の数は等しい。

⑨ 登山口にようやく着いた。

2 □にあてはまる漢字(かんじ)を書きなさい。

52点（1つ4）

① □(かな)しいニュースを知らされる。

② □(みずうみ)のそばのべっそう地。

③ □□(たいよう)がまぶしい。

④ お□(ゆ)の□(おん)度(ど)を調(しら)べる。

⑤ きれいな色の□(は)を□(あつ)める。

⑥ □(みじか)い□(ふで)で書く。

⑦ がけの上から□□(らっか)する。

⑧ □(か)ち負(ま)けを気にする。

⑨ □(あつ)さと□(さむ)さに強い犬。

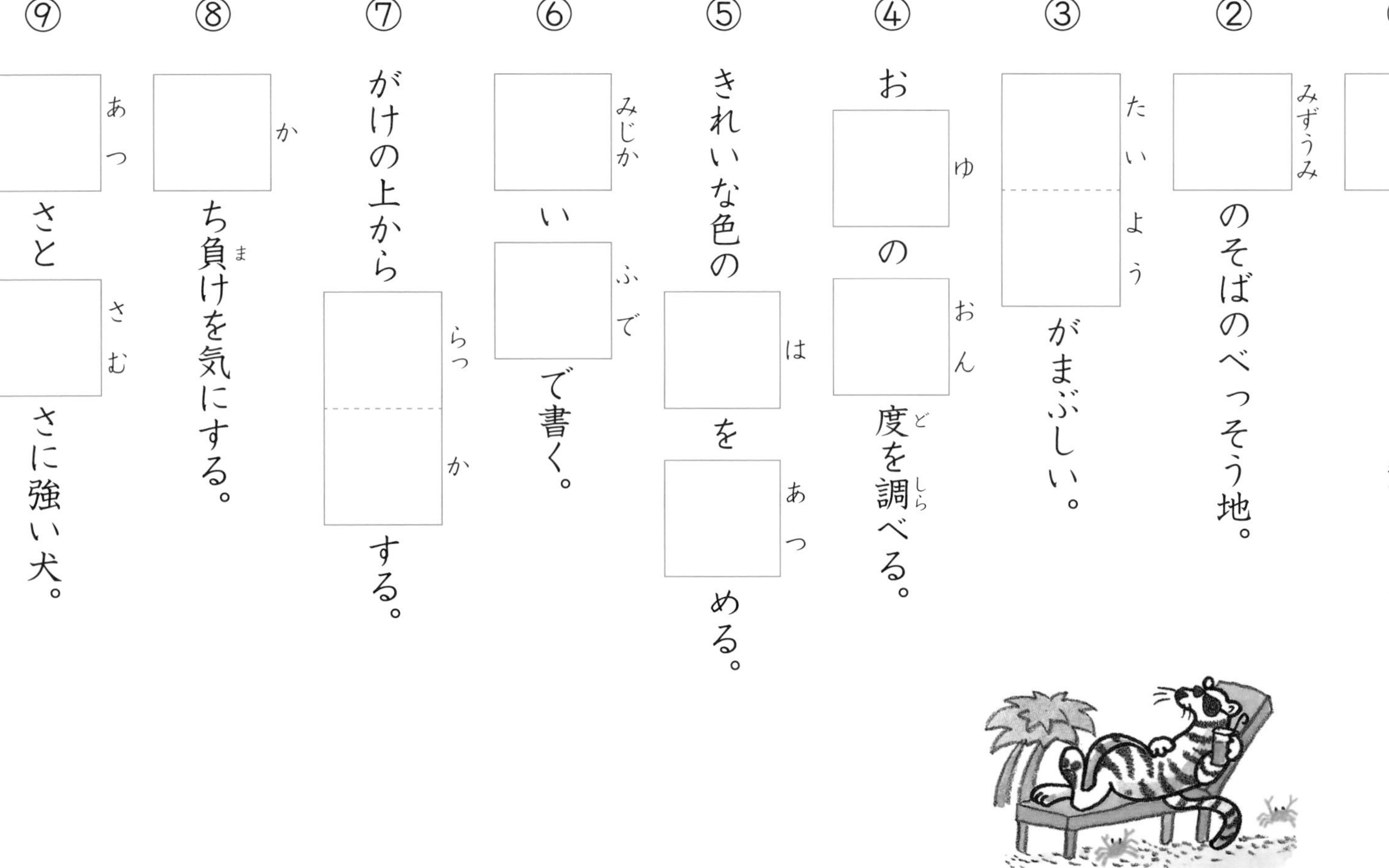

46 13画 意・感・想・漢・業

名前

月　日

目標時間 15分

合かく80点　/100点

書いておぼえよう！

	13画		言葉	部首
意（長く）	一～十三画	おん：イ	意見（いけん）　意外（いがい）　用意（ようい）　注意（ちゅうい）	心（こころ）
感（わすれない）	一～十三画	おん：カン	感心（かんしん）　感動（かんどう）　同感（どうかん）　音感（おんかん）	心（こころ）
想	一～十三画	おん：ソウ（ソ）	感想（かんそう）　思想（しそう）　回想（かいそう）　空想（くうそう）	心（こころ）
漢	一～十三画	おん：カン	漢字（かんじ）　漢語（かんご）　悪漢（あっかん）	氵（さんずい）
業	一～十三画	おん：ギョウ（ゴウ）　くん：（わざ）	工業（こうぎょう）　商業（しょうぎょう）　家業（かぎょう）　事業（じぎょう）	木（き）

1 読みがなを書いてから、なぞりなさい。

20点（一つ4）

① 注意（　　）

② 感動（　　）

③ 思想（　　）

④ 漢字（　　）

⑤ 工業（　　）

2 □にあてはまるかん字を書きなさい。　80点（一つ10）

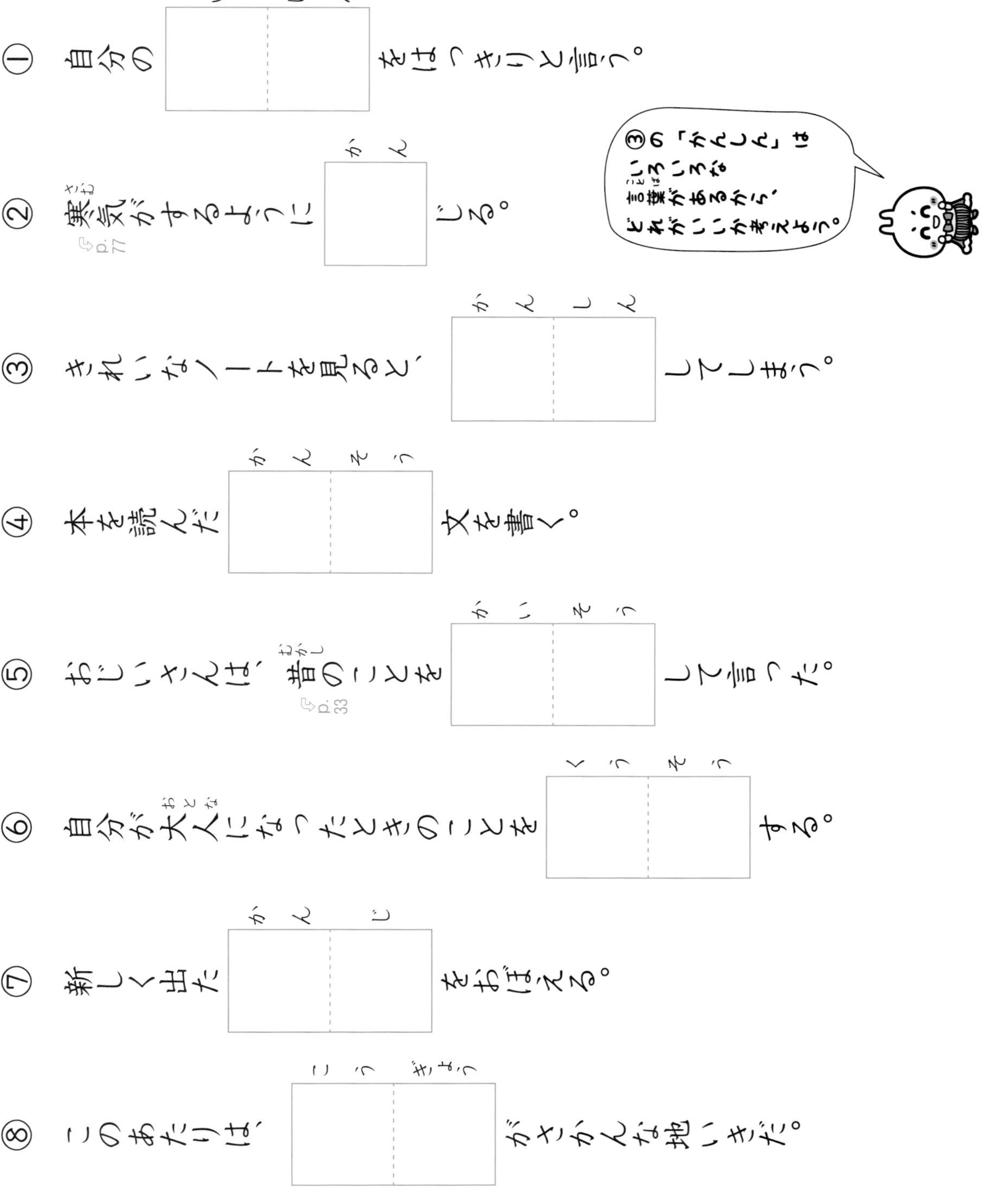

③の「かんしん」は
いろいろな言葉があるから、
どれがいいか考えよう。

① 自分の［い｜けん］をはっきりと言う。

② 寒（さむ）気がするように［かん］じる。 ☞p.77

③ きれいなノートを見ると、［かん｜しん］してしまう。

④ 本を読んだ［かん｜そう］文を書く。

⑤ おじいさんは、昔（むかし）のことを［かい｜そう］して言った。 ☞p.33

⑥ 自分が大人（おとな）になったときのことを［くう｜そう］する。

⑦ 新しく出た［かん｜じ］をおぼえる。

⑧ このあたりは、［こう｜ぎょう］がさかんな地いきだ。

③「かんしん」という言葉には、「関しん」などいろいろあります。ここでは、深（ふか）くかんじて、こころを動（うご）かされること、の意味（いみ）です。

47 きほんのドリル

13画 詩・鉄・農・福・路

名前　月　日　目標時間 15分　合かく80点　/100点

書いておぼえよう！

漢字	読み	言葉	部首	筆順（13画）
詩（はねる）	おん：シ	詩人（しじん）、詩作（しさく）、漢詩（かんし）、詩集（ししゅう）	言（ごんべん）	1〜13
鉄（出る）	おん：テツ	鉄道（てつどう）、鉄橋（てっきょう）、地下鉄（ちかてつ）、強い鉄（つよいてつ）	金（かねへん）	1〜13
農	おん：ノウ	農家（のうか）、農場（のうじょう）、農地（のうち）、農村（のうそん）	辰（しんのたつ）	1〜13
福	おん：フク	福の神（ふくのかみ）、幸福（こうふく）、福利（ふくり）	礻（しめすへん）	1〜13
路（ななめ）	おん：ロ　くん：じ	路上（ろじょう）、通路（つうろ）、道路（どうろ）、旅路（たびじ）、山路（やまじ）	足（あしへん）	1〜13

1 読みがなを書いてから、なぞりなさい。

20点（一つ4）

①詩人（　　）

②鉄道（　　）

③農家（　　）

④幸福（　　）

⑤道路（　　）

80点（一つ10）

2 □にあてはまる漢字を書きなさい。

① 身のまわりで感じたことを［し］に書く。 ☞p.25 ☞p.89

② 牛や馬を［てつどう］で運ぶ。 ☞p.73

③ 父は、北海道の［のうじょう］ではたらいています。

④ ここはゆたかな［のうそん］だ。

⑤ さいふの中に［ふく］の神のお守りを入れる。 ☞p.47 ☞p.17

⑥ おには外、［ふく］は内。

⑦ ここは、子どもたちの［つうろ］だ。

⑧ ［どうろ］の工事をしている。 ☞p.31

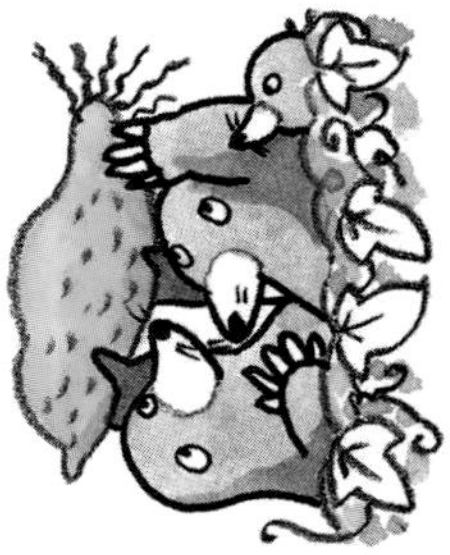

⑦・⑧の「ろ」は道という意味だから、足にかん係するよ。

② 「てつ」のレールをしいてその上を汽車や電車が走るので、「てつどう」なのです。
⑤ 「ふくの神」は、幸ふくをよぶという神です。

48 きほんのドリル

14画　駅・銀・鼻・様・緑

月　日　目標時間（もくひょうじかん）15分

名前

合かく80点　/100点

書いておぼえよう！

駅（14画）
- おん：エキ
- 言葉：駅長（えきちょう）、駅員（えきいん）、東京駅（とうきょうえき）、終着駅（しゅうちゃくえき）
- 部首：馬（うまへん）

銀（14画）　ななめ
- おん：ギン
- 言葉：銀行（ぎんこう）、水銀（すいぎん）、金銀（きんぎん）、銀（ぎん）のつぼ
- 部首：金（かねへん）

鼻（14画）
- おん：（ビ）
- くん：はな
- 言葉：鼻血（はなぢ）、鼻声（はなごえ）、鼻息（はないき）
- 部首：鼻（はな）

様（14画）　出ない
- おん：ヨウ
- くん：さま
- 言葉：様子（ようす）、同様（どうよう）、王様（おうさま）、神様（かみさま）
- 部首：木（きへん）

緑（14画）　長く
- おん：リョク（ロク）
- くん：みどり
- 言葉：緑茶（りょくちゃ）、新緑（しんりょく）、緑（みどり）の色（いろ）、緑（みどり）の葉（は）
- 部首：糸（いとへん）

1 読みがなを書いてから、なぞりなさい。

20点（一つ4）

①（　　　）東京駅

②（　　　）銀行

③（　　　）鼻血

④（　　　）王様

⑤（　　　）緑の色

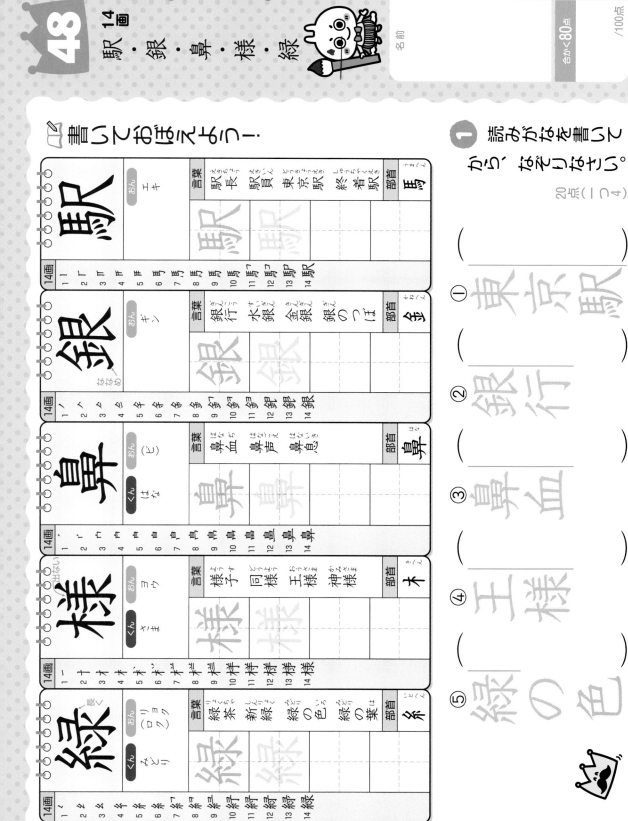

2 □にあてはまる漢字を書きなさい。

① □□（えきちょう）さんがけい礼をする。 ☞p.11

② □□（ぎんこう）にお金をあずける。

③ かぜをひいたのか、□□（はなごえ）だ。

④ □（はな）血が出て止まらない。 ☞p.13

⑤ 「はだかの□□（おうさま）」の本を読む。

⑥ 空の□□（ようす）からして、雨がふりそうだ。

⑦ □（みどり）色の絵の具を買ってくる。 ☞p.31

⑧ 母は、□□（りょくちゃ）がすきだ。

③・④の「はな」という
漢字は、顔にある
「はな」の形から
できたんだよ。

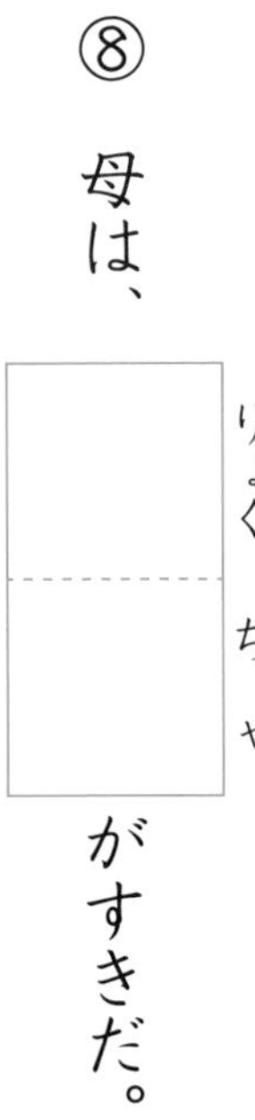
② 「鉄」「ぎん」「銅」と、土の中にうまっているものですが、どれも「金」がついています。
⑤ 「さま」は、人の名前などについて、尊敬を表します。

49 きほんのドリル

14画・15画
練・横・談・調・箱

目標時間 15分　月　日　名前　合かく80点　/100点

書いておぼえよう！

練（14画）
おん：レン　くん：ねる
とめる
言葉：練習（れんしゅう）　試練（しれん）　考え（かんが）を練る（ね）
部首：糸（いとへん）
1 𠃋 2 幺 3 幺 4 糸 5 糸 6 糸 7 糸 8 紅 9 紅 10 絅 11 絅 12 紳 13 練 14 練

横（15画）
おん：オウ　くん：よこ
つき出る
言葉：横転（おうてん）　横行（おうこう）　横線（よこせん）　横切る（よこぎ）
部首：木（きへん）
1 一 2 十 3 才 4 木 5 木 6 朩 7 栟 8 栟 9 栟 10 栱 11 横 12 横 13 横 14 横 15 横

談（15画）
おん：ダン
言葉：談話（だんわ）　相談（そうだん）　会談（かいだん）　美談（びだん）
部首：言（ごんべん）
1 丶 2 亠 3 亠 4 言 5 言 6 言 7 言 8 言 9 言 10 訁 11 訟 12 談 13 談 14 談 15 談

調（15画）
おん：チョウ　くん：しらべる　（ととのう）　（ととのえる）
言葉：調子（ちょうし）　調和（ちょうわ）　字（じ）を調べる（しら）
部首：言（ごんべん）
1 丶 2 亠 3 亠 4 言 5 言 6 言 7 言 8 訁 9 訂 10 訂 11 訶 12 調 13 調 14 調 15 調

箱（15画）
くん：はこ
言葉：箱庭（はこにわ）　木箱（きばこ）　本箱（ほんばこ）　みかんの箱（はこ）
部首：⺮（たけかんむり）
1 ノ 2 𠂉 3 ⺮ 4 ⺮ 5 ⺮ 6 ⺮ 7 ⺮ 8 竿 9 笇 10 笇 11 箱 12 箱 13 箱 14 箱 15 箱

1 読みがなを書いてから、なぞりなさい。　20点（一つ4）

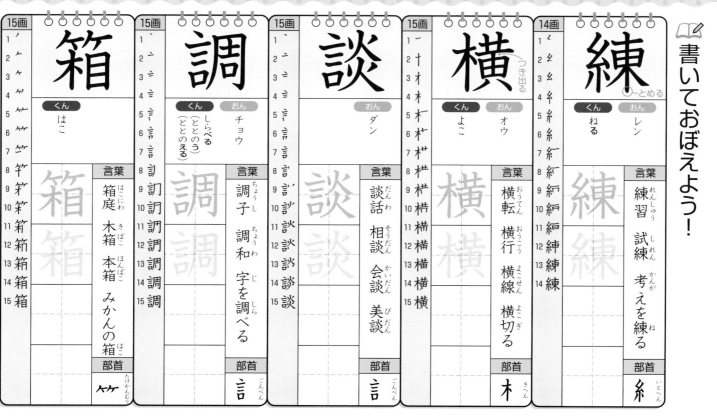

①練習（　　）
②横転（　　）
③相談（　　）
④調べる（　　）
⑤本箱（　　）

80点（一つ10）

2 □にあてはまる漢字を書きなさい。

① どうしたらいいか考えを□（ね）る。

② すもうの□（れん）習をする。 ☞p.67

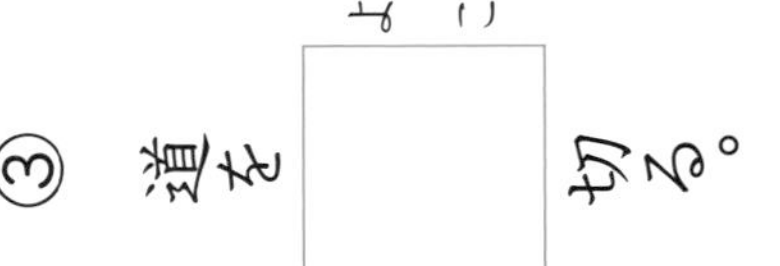

③ 道を□（よこ）切る。

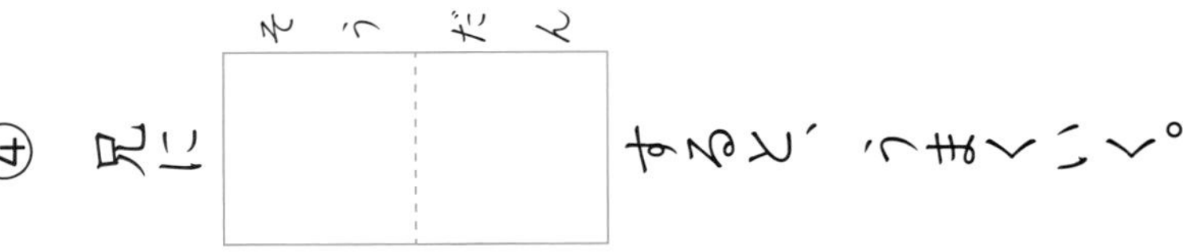

④ 兄に□□（そうだん）すると、うまくいく。

「言」のつく字は、言葉とかん係があるね。

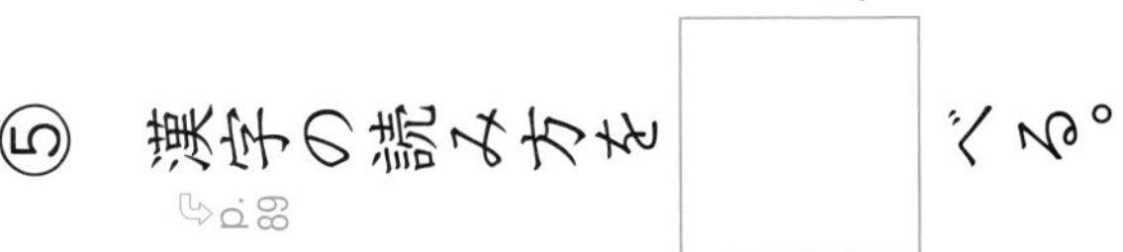

⑤ 漢字の読み方を□（しら）べる。 ☞p.89

⑥ 今日は、体の□□（ちょうし）がいい。

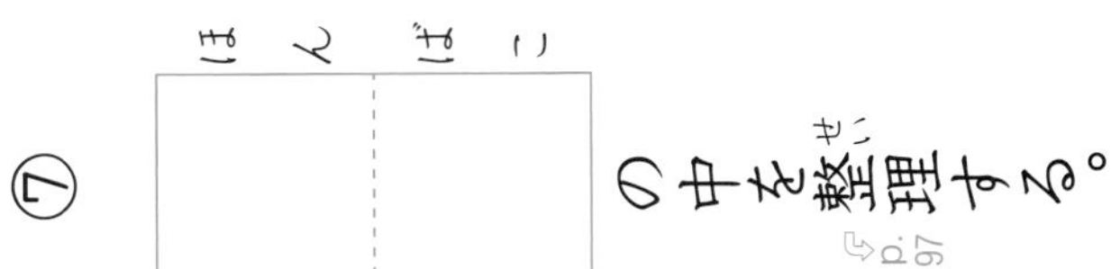

⑦ □□（ほんばこ）の中を整理する。 ☞p.97

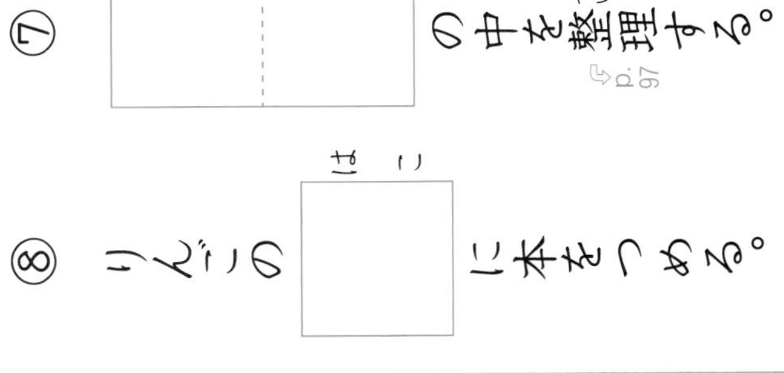

⑧ りんごの□（はこ）に本をつめる。

① 「考えをねる」は、何度も考えてよりよいものにすることです。
④ 「そうだん」は、話し合いをするという意味です。

50 きほんのドリル

16画・18画

館・橋・整・薬・題

名前　　月　日　目標時間 15分　合かく80点　/100点

書いておぼえよう！

館（16画）
おん：カン
くん：やかた
言葉：館長（かんちょう）　会館（かいかん）　図書館（としょかん）　古い館（ふるいやかた）
部首：食（しょくへん）

橋（16画）はねる
おん：キョウ
くん：はし
言葉：鉄橋（てっきょう）　つり橋（つりばし）　橋をわたる（はしをわたる）
部首：木（きへん）

整（16画）
おん：セイ
くん：ととのえる　ととのう
言葉：整理（せいり）　整数（せいすう）　整える（ととのえる）　整う（ととのう）
部首：攵（のぶん・ぼくづくり）

薬（16画）
おん：ヤク
くん：くすり
言葉：火薬（かやく）　薬草（やくそう）　薬を飲む（くすりをのむ）　薬箱（くすりばこ）
部首：艹（くさかんむり）

題（18画）長く
おん：ダイ
言葉：題名（だいめい）　問題（もんだい）　話題（わだい）　本題（ほんだい）
部首：頁（おおがい）

1 読みがなを書いてから、なぞりなさい。 20点（一つ4）

① 会館（　　）
② つり橋（　　）
③ 整理（　　）
④ 薬箱（　　）
⑤ 題名（　　）

80点(一つ10)

2 □にあてはまる漢字(かんじ)を書きなさい。

① [としょかん] で本をかりる。

② 川に小さな [はし] がかかっている。

③ 鉄(てっ)[きょう] の下を大きな川が流(なが)れている。 p.91 p.59

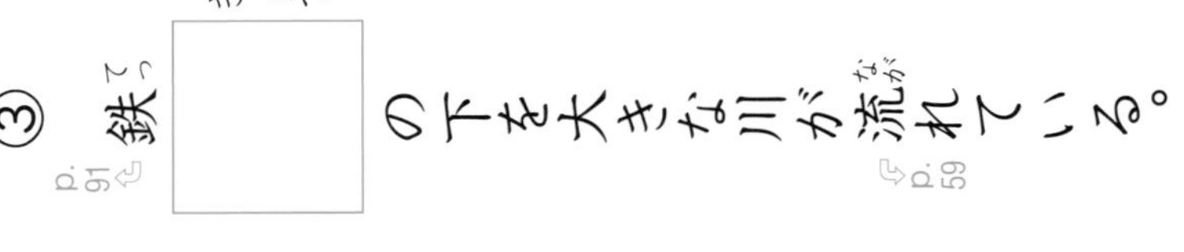

④ 作文のすじを [ととの] える。

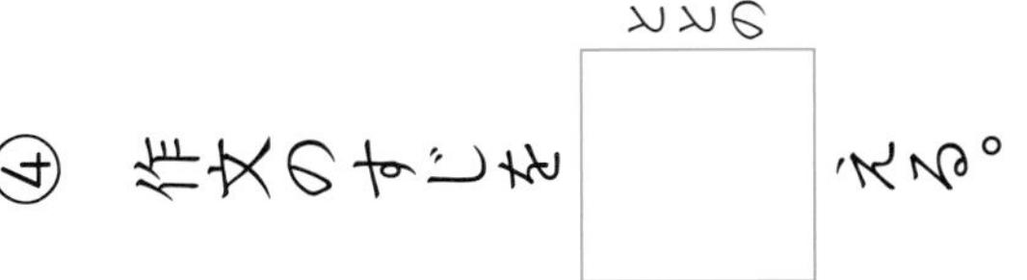

⑤ かぜ [ぐすり] を飲(の)む。 p.73

⑤「ぐすり」は、
「くすり」が
にごったんだよ。

⑥ 頭がいたいので、[くすり] を買ってきてもらう。

⑦ 花火には、[かやく] が使(つか)われている。 p.31

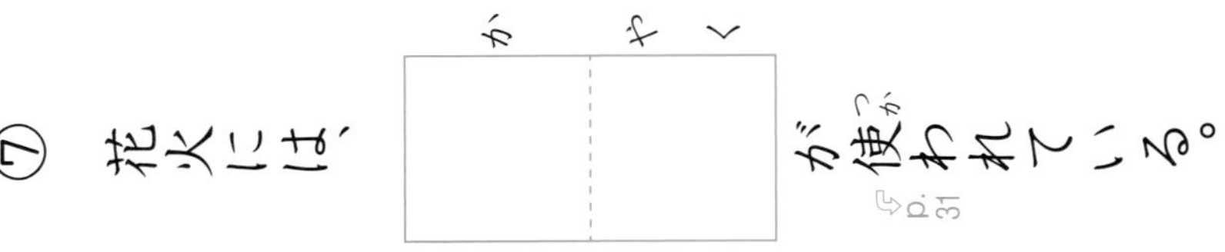

⑧ 遠足の行き先がどこなのか、[わだい] になる。

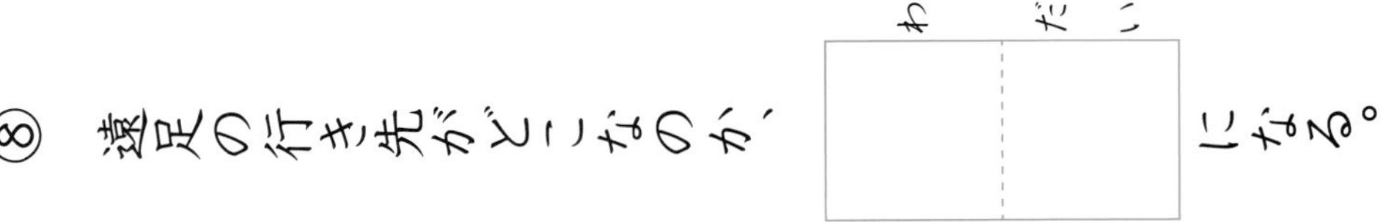

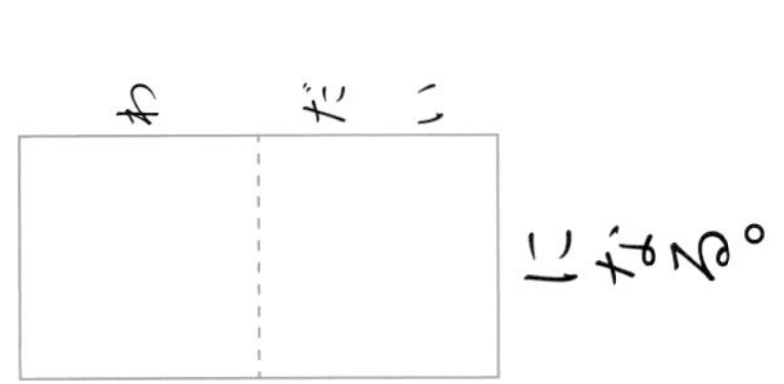

③「てっきょう」は、鉄でできたはしのことです。
⑧「わだい」は、はなしの材料(ざいりょう)、だいのことです。

51 まとめのテスト8

名前　月　日　目標時間 20分　合かく80点　/100点

1 ——の漢字の読みがなを書きなさい。　48点(一つ4)

① 薬を飲んでゆっくり休みなさい。

② 工業のさかんな国。

③ 米作りにはげむ農家。

④ 横にいる人と意見をかわす。

⑤ よく相談してから計画を練る。

⑥ ねむっている妹の様子を見る。

⑦ 路上に落ちているごみを拾う。

⑧ 図書館で日本の人口について調べる。

⑨ 新緑のみずみずしい葉。

2 □にあてはまるかんじを書きなさい。

52点（一つ4）

① □（もんだい）をよく□（せいり）してから考える。

② テストは、□（いがい）にやさしかった。

③ □（かんじ）を毎日書いておぼえる。

④ 犬のモモをだいていると、幸（こう）□（ふく）な気持ちになる。

⑤ □（えき）員（いん）さんに、道をたずねる。

⑥ 友だちが書いた□（し）の□（かんそう）を言う。

⑦ がんじょうそうな□（てつ）の□（はこ）。

⑧ 地しんで、大きな□（はし）が落（お）ちた。

⑨ □（ぎん）の□（はな）めがねをかけた上品（ひん）なしんし。

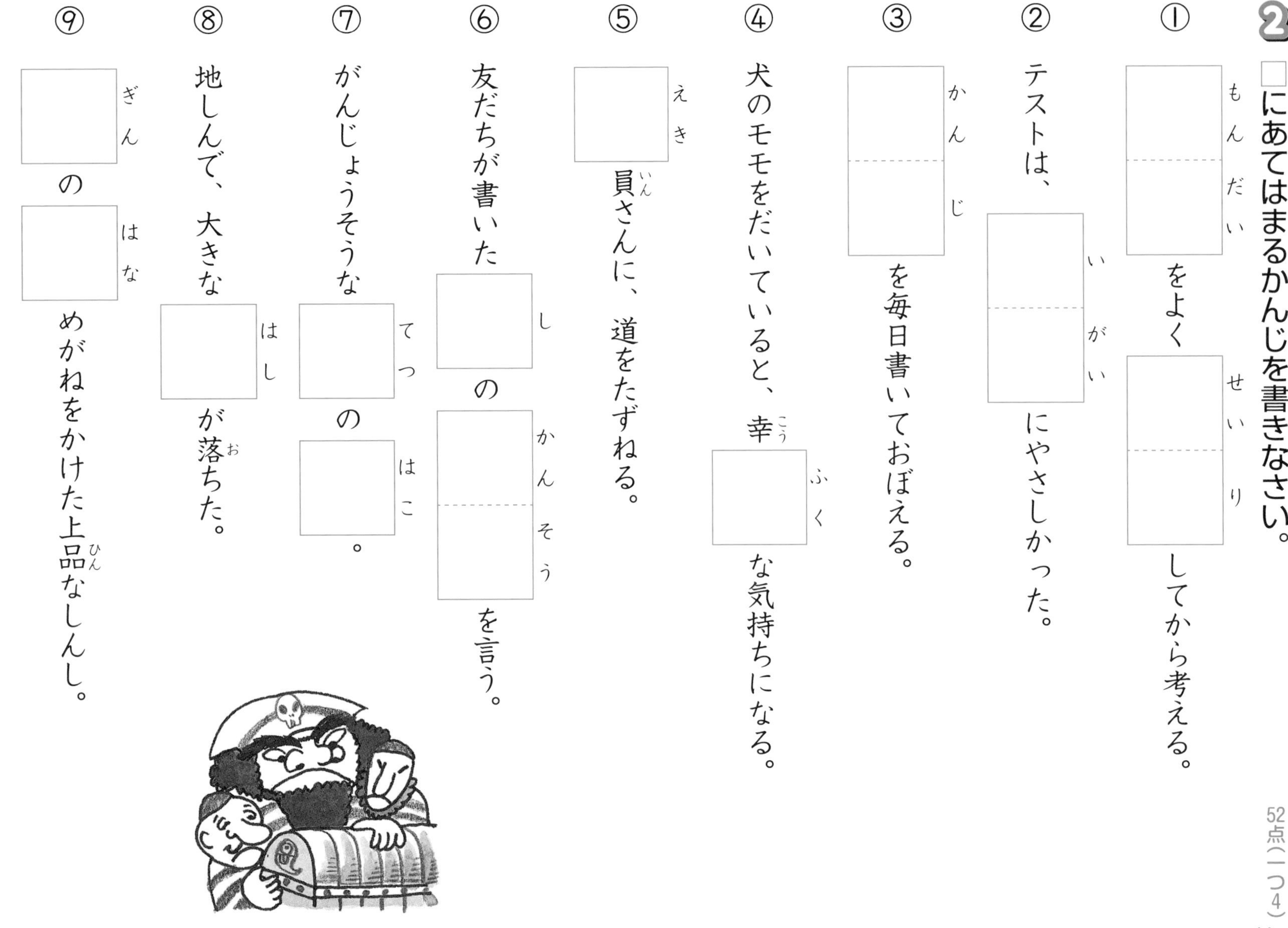

52 仕上げのテスト1

月　日　目標時間 15分

名前　　合かく80点　/100点

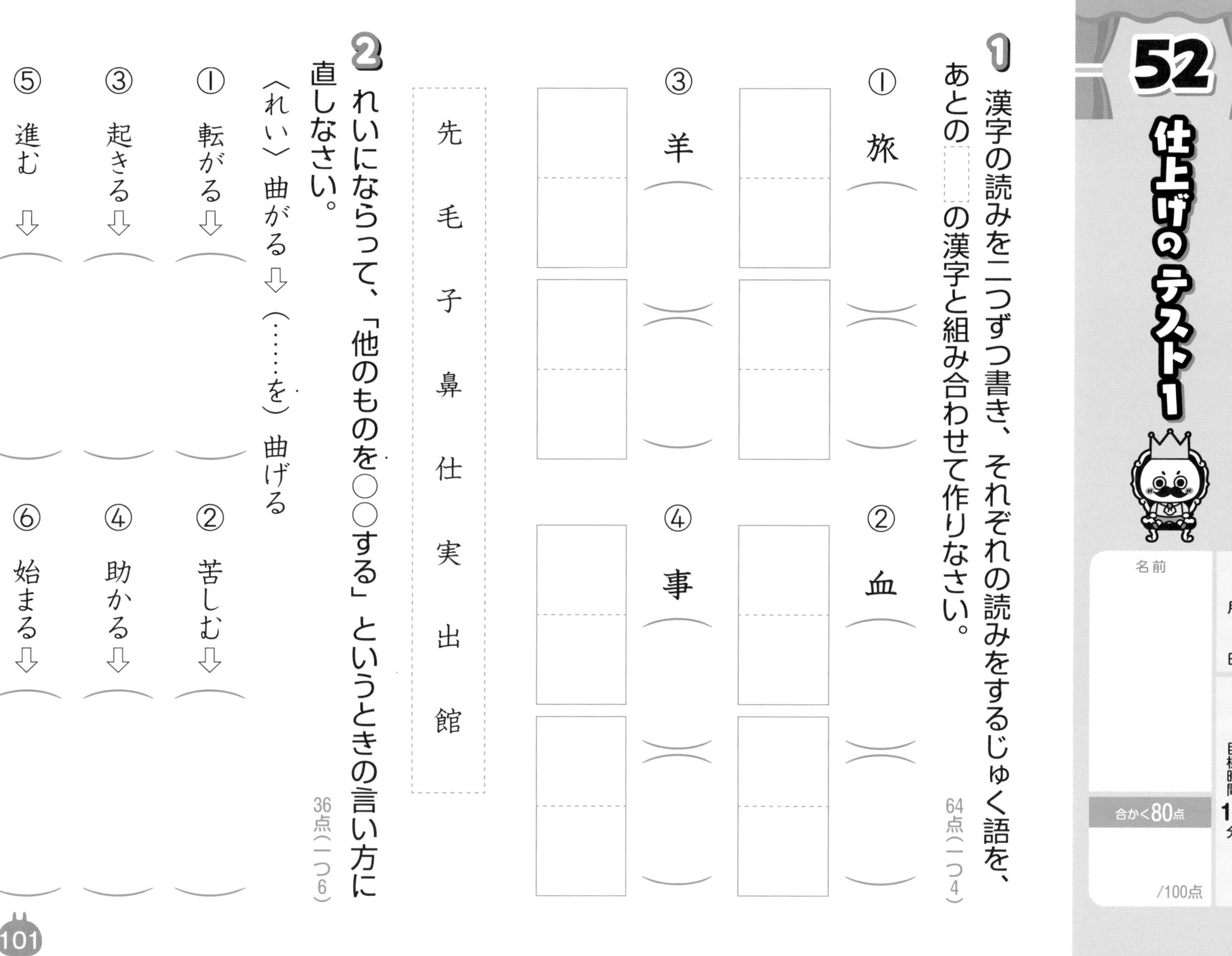

1 漢字の読みを二つずつ書き、それぞれの読みをするじゅく語を、あとの□の漢字と組み合わせて作りなさい。 64点(一つ4)

① 旅（　　）（　　）

② 血（　　）（　　）

③ 羊（　　）（　　）

④ 事（　　）（　　）

先　毛　子　鼻　仕　実　出　館

2 れいにならって、「他のものを〇〇する」というときの言い方に直しなさい。 36点(一つ6)

〈れい〉曲がる⇨（……を）曲げる

① 転がる⇨（　　）

② 苦しむ⇨（　　）

③ 起きる⇨（　　）

④ 助かる⇨（　　）

⑤ 進む　⇨（　　）

⑥ 始まる⇨（　　）

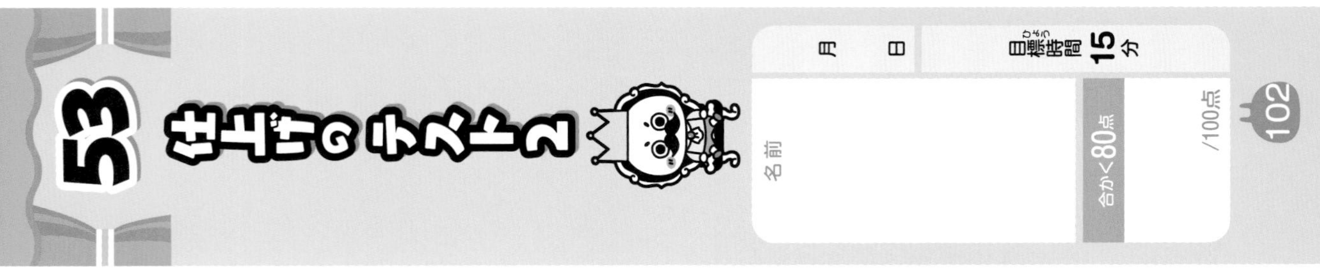

1 かなで書くと同じでも、意味のちがいによって使う漢字がちがいます。□にあてはまる漢字を書きなさい。 36点（一つ4）

［はな］
① □がかゆい。 ② 野の□。

［は］
③ □をみがく。 ④ 木の□。

［そう］
⑤ 父に□談する。 ⑥ 感□を言う。

［かい］
⑦ 三□目。 ⑧ 三□だて。 ⑨ 世□。

2 れいにならって、——の部分と反対の意味の言葉を、漢字を使って書きなさい。 64点（一つ8）

〈れい〉 空が明るい ⇨ 暗い

① 高い薬 ⇨ （　　）
② しあいに負ける ⇨ （　　）
③ 練習は苦しい ⇨ （　　）
④ 開会式が始まる ⇨ （　　）
⑤ 長いひも ⇨ （　　）
⑥ よい品 ⇨ （　　）
⑦ 暑い日 ⇨ （　　）
⑧ 荷物は軽い ⇨ （　　）

54 仕上げのテスト3

名前　　月　日

目標時間 15分　合かく80点　/100点

1 いくつもの読みをもつ漢字があります。――の漢字の読みがなを書きなさい。 36点（一つ3）

①（　）持ち主
②（　）主な人物
③（　）主人
④（　）平らな道
⑤（　）平たい面
⑥（　）平等
⑦（　）苦しい
⑧（　）苦い
⑨（　）苦心
⑩（　）物語
⑪（　）物体
⑫（　）書物

2 それぞれのグループは、同じある部分がぬけています。その部分をおぎなって、漢字をかんせいさせなさい。 64点（一グループ8）

① 主　永　流
② 殳　寺　合
③ 主　良　直
④ し　申　畐
⑤ 系　音　主
⑥ 非　相　咸
⑦ 寺　炎　周
⑧ 及　冬　東

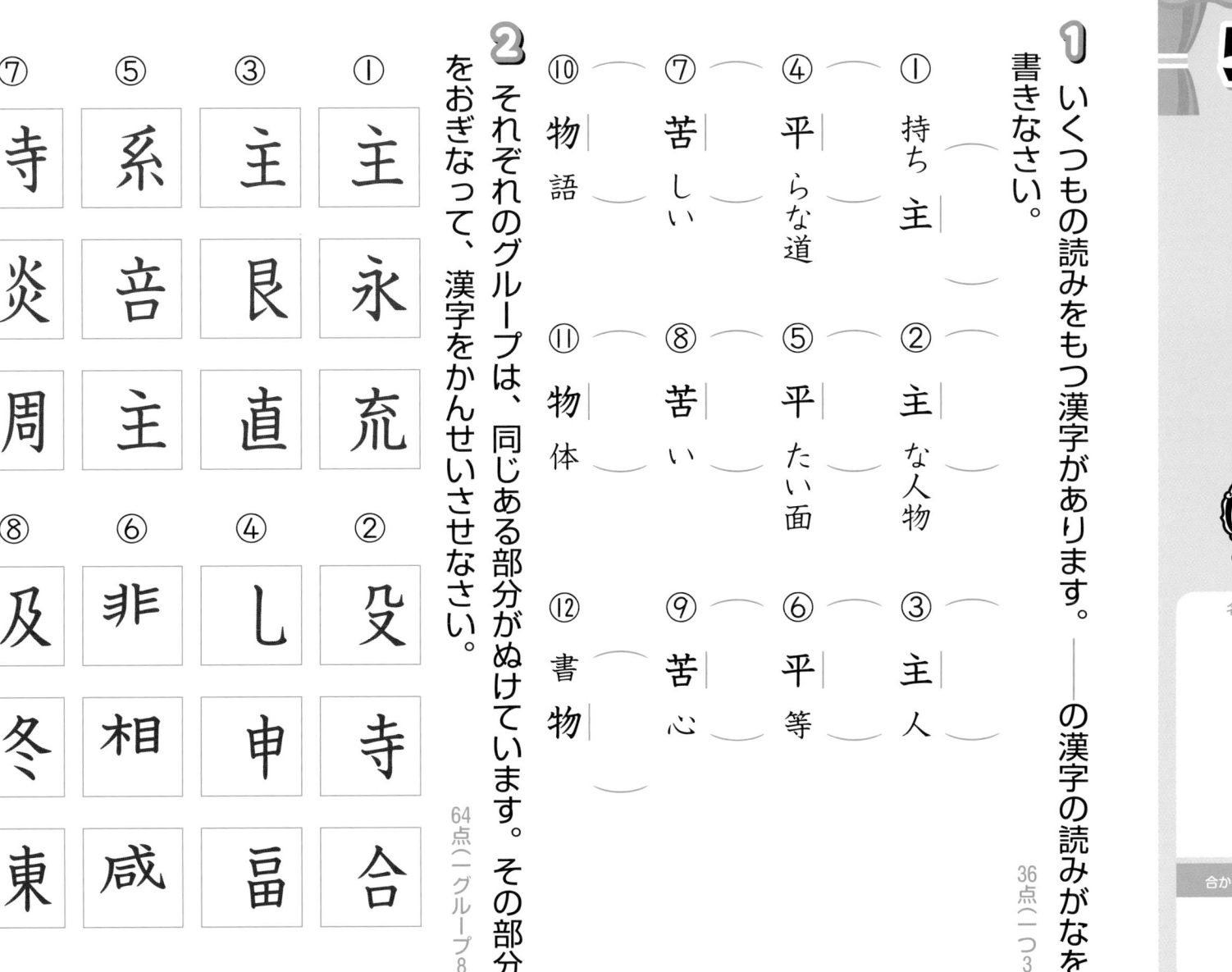

55 仕上げのテスト4

名前　　月　日　目標時間15分　合かく80点　/100点

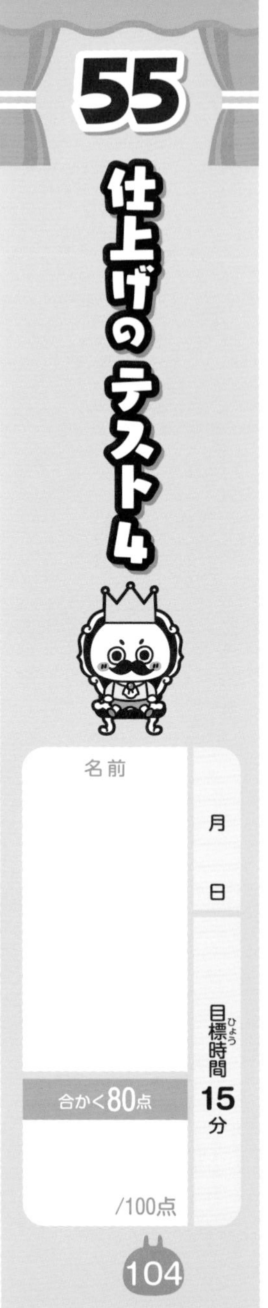

1 それぞれのグループの□には、同じ読みのじゅく語が入ります。あとからその読みをえらんで、漢字で書きなさい。40点(一つ5)

① ア 本屋が□□した。 イ いすが□□した。

② ア 学級□□。 イ 歯科□□。

③ ア □□の時間。 イ □□に近づく。

④ ア □□くん練。 イ □□薬。

かいてん　しょうか　いいん　きゅうそく

2 次の漢字の部首をぬき出し、その部首名を書きなさい。60点(一つ5)

① 守　② 題

③ 坂　④ 問

⑤ 服　⑥ 運

1 きほんのドリル P.2

❶ ①ひ ②そと ③ひかり ④う ⑤たに ⑥い ⑦あたら ⑧かぜ ⑨いもうと

❷ ①歩 ②顔 ③家 ④通 ⑤星 ⑥切 ⑦歌 ⑧回

2 きほんのドリル P.3

❶ ①くみ ②はし ③てら ④きょうしつ ⑤かいしゃ ⑥よわ ⑦くび ⑧すく ⑨おお

❷ ①春 ②買 ③鳴 ④戸 ⑤姉 ⑥肉 ⑦岩 ⑧台

3 きほんのドリル P.4

❶ ①とうばん ②はんぶん ③らいしゅう ④けいさん ⑤しんゆう ⑥おんがくしつ ⑦がようし ⑧えんそく ⑨しんぶん

❷ ①地図 ②中心 ③毎日 ④黄色 ⑤野原 ⑥国語 ⑦午後 ⑧元気

4 きほんのドリル P.5~6

❶ ①いっちょうめ ②かがく ③くやくしょ ④はんたい ⑤よさん

❷ ①一丁 ②化 ③化 ④化学 ⑤地区 ⑥反 ⑦反 ⑧予算

おうちの方へ

「区」は筆順をまちがえやすい漢字です。二画目と三画目で「メ」を書くので注意しましょう。

5 きほんのドリル P.7~8

❶ ①ちゅうおう ②きょねん ③きごう ④しゃせい ⑤しゅじん

❷ ①中央 ②去 ③去年 ④番号 ⑤写 ⑥写生 ⑦主 ⑧主人

6 きほんのドリル P.9~10

❶ ①もう ②りゅう ③せかい ④けがわ ⑤こおり

❷ ①申 ②理由 ③世 ④世話 ⑤毛皮 ⑥皮肉 ⑦氷 ⑧氷

7 きほんのドリル P.11~12

❶ ①つか ②たにん ③か ④う ⑤れい

❷ ①仕 ②仕 ③他人 ④代 ⑤交代 ⑥打 ⑦礼 ⑧礼金

8 きほんのドリル P.13~14

❶ ①たい ②こざら ③しゅっけつ ④ま ⑤あんしん

❷ ①平 ②水平 ③皿 ④血 ⑤出血 ⑥曲 ⑦名曲 ⑧安売

9 まとめのテスト1 P.15~16

❶ ①さんちょうめ・ちく ②にごうめ ③さら・しゃせい ④もう ⑤せだい ⑥こおり ⑦れい ⑧あんしん ⑨う・ち

おうちの方へ

❶③「皿」と⑨「血」はよく似ているので注意しましょう。⑥「こうり」と書くのは誤りです。

❷ ①化 ②反 ③中央 ④去 ⑤他人 ⑥皮・皿 ⑦主人・仕 ⑧平・世 ⑨自由・曲

10 きほんのドリル P.17～18

❶ ①ほうこう ②せいし ③じかい ④けい
さんしき ⑤みまも

❷ ①向 ②方向 ③死 ④次 ⑤目次 ⑥計
算式 ⑦見守 ⑧死守

11 きほんのドリル P.19～20

❶ ①きゅうしゅう ②ぜんたい ③ゆうめい
④ようもう ⑤りょうほう

❷ ①九州 ②全 ③全体 ④有 ⑤有名
⑥羊 ⑦羊毛 ⑧両手

12 きほんのドリル P.21～22

❶ ①れっしゃ ②いしゃ ③きゅうめい
④やっきょく ⑤くんしゅ

❷ ①行列 ②列車 ③名医 ④医学 ⑤究明
⑥局 ⑦君 ⑧君

13 きほんのドリル P.23～24

❶ ①き ②さかみち ③へんとう ④す
⑤じょしゅ

❷ ①決 ②決心 ③坂道 ④返 ⑤返答
⑥住 ⑦住 ⑧助

14 きほんのドリル P.25～26

❶ ①しんたい ②はんたい ③な ④やくに
ん ⑤まめ

❷ ①身近 ②身体 ③対 ④投手 ⑤投
⑥役目 ⑦豆 ⑧大豆

15 まとめのテスト2 P.27～28

❶ ①つ ②じょしゅ ③み・まも ④ほんし
ゅう ⑤たいりつ ⑥こうい ⑦きょく・
む ⑧しき・き ⑨まめ

おうちの方へ
①「次いで」は「つぎに」という意味(いみ)です。
⑧「式」は筆順(ひつじゅん)に注意(ちゅうい)しましょう。

❷ ①生死 ②全国・有名 ③両足 ④羊毛
⑤君・列 ⑥究 ⑦坂・住 ⑧投・返 ⑨役

おうちの方へ
①「生」と「死」が対等(たいとう)にならんで、生きていることと死んでいることの意味です。

16 きほんのドリル P.29～30

❶ ①いいん ②きょういく ③かわぎし
④くる ⑤さいわ

❷ ①委細 ②育 ③教育 ④岸 ⑤海岸
⑥苦 ⑦苦心 ⑧幸

おうちの方へ
①「委細」とは、「細かく、くわしい事情(じじょう)」という意味です。

17 きほんのドリル P.31～32

❶ ①どうぐ ②つか ③はじ ④かじ ⑤じ
つりょく

❷ ①家具 ②使 ③使用 ④始 ⑤始 ⑥火
事 ⑦実 ⑧実力

18 きほんのドリル P.33～34

❶ ①きしゃ ②むかしばなし ③しんしゅ
④う ⑤さだ

おうちの方へ
①の「記者」には「汽車」「帰社」などの同音異義語(いぎご)があります。③の「進取」は、「自分から進(すす)んで物事(ものごと)に取り組むこと」です。

❷ ①者 ②科学者 ③昔 ④取 ⑤受 ⑥受
理 ⑦定 ⑧定

19 きほんのドリル P.35～36

❶ ①ちょうしょ ②すいえい ③ちゅうもく
④なみの ⑤せきゆ

❷ ①台所 ②近所 ③泳 ④注 ⑤注目
⑥波 ⑦油 ⑧石油

20 きほんのドリル P.37～38

❶ ①こくばん ②あらわ ③ようふく ④も
のがたり ⑤はな

❷ ①板 ②黒板 ③表 ④表 ⑤服 ⑥物語
⑦物体 ⑧放

21 まとめのテスト3

P.39〜40

1 ①み ②くる ③ものごと ④すいえい ⑤ひょう ⑥もの・けってい ⑦ふく・ちゅうもく ⑧かいがん・なみ ⑨せいぶつ

おうちの方へ
②「苦」は送り(おく)がなにも注意(ちゅうい)しましょう。

2 ①委・受 ②幸 ③始 ④大昔 ⑤板・取 ⑥道具・使 ⑦教育・所 ⑧油 ⑨放

おうちの方へ
⑨「放つ」は、ここでは動物(どうぶつ)などを自由(じゆう)に逃(に)がすことを意味(いみ)します。

22 きほんのドリル

P.41〜42

1 ①あじみ ②せいめい ③へいわ ④こや ⑤せかい

2 ①味見 ②味方 ③命 ④生命 ⑤和食 ⑥小屋 ⑦屋上 ⑧下界

23 きほんのドリル

P.43〜44

1 ①らいきゃく ②きゅうこう ③がっきゅう ④けんきゅう ⑤けんりつ

2 ①来客 ②急 ③急 ④三級 ⑤級友 ⑥研 ⑦県 ⑧県

24 きほんのドリル

P.45〜46

1 ①かか ②おやゆび ③ひろ ④も ⑤ま

2 ①係 ②係 ③親指 ④指 ⑤拾 ⑥持 ⑦待 ⑧待

おうちの方へ
⑥「持」と、⑦⑧「待」は、形が似(に)ているので気をつけましょう。

25 きほんのドリル

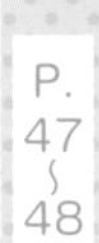

P.47〜48

1 ①かさ ②しょうわ ③の ④しんわ ⑤あいて

2 ①重 ②重 ③昭 ④乗 ⑤乗車 ⑥神社 ⑦神話 ⑧相手

26 きほんのドリル

P.49〜50

1 ①おく ②お ③せきたん ④でんちゅう ⑤かくど

2 ①送 ②送金 ③追 ④追 ⑤石炭 ⑥柱 ⑦円柱 ⑧今度

27 まとめのテスト4

P.51〜52

1 ①きゅう ②けん ③かかり ④はしら ⑤なんど・おく ⑥へいわ・せかい ⑦おも・も ⑧いのち ⑨ひろ

おうちの方へ
①「級」のつくりの「𠄎」の部分(ぶぶん)は一画で書きましょう。

2 ①屋上・研 ②指 ③昭 ④相手 ⑤神・味方 ⑥急・客 ⑦乗・追 ⑧待 ⑨炭火

おうちの方へ
⑤「味方」は、「見方」と書きまちがえないようにしましょう。

28 きほんのドリル

P.53〜54

1 ①はたさく ②はっこう ③びじん ④まいびょう ⑤さくひん

2 ①畑 ②発明 ③美 ④美人 ⑤毎秒 ⑥五秒 ⑦手品 ⑧上品

29 きほんのドリル

P.55〜56

1 ①ま ②めんかい ③ようふう ④しゃいん ⑤にゅういん

2 ①負 ②負 ③負 ④負 ⑤方面 ⑥洋 ⑦社員 ⑧入院

30 きほんのドリル

P.57〜58

1 ①にぐるま ②お ③みやさま ④しゃこ ⑤こんき

2 ①荷車 ②起 ③起立 ④宮 ⑤宮中 ⑥金庫 ⑦根 ⑧根気

おうちの方へ
⑤「宮中」とは天皇(てんのう)が住(す)む「皇居(こうきょ)」や王様(おうさま)が住む「宮殿(きゅうでん)」などの中のことです。

31 きほんのドリル　P.59〜60

1 ①ざけ　②しょうか　③なが　④ましかく　⑤いきぎ

2 ①酒　②酒　③消　④消火　⑤流　⑥真空　⑦息　⑧休息

おうちの方へ
⑥「真空」は、「空気がほとんどない状態」を表す言葉です。

32 きほんのドリル　P.61〜62

1 ①はや　②かてい　③びょうき　④はんとう　⑤しんぱい

2 ①速　②前庭　③家庭　④病気　⑤島国　⑥半島　⑦配　⑧心配

33 まとめのテスト5　P.63〜64

1 ①がめん　②お　③はたけ・ね　④いき　⑤うつく・にわ　⑥こ・しな　⑦おうきゅう　⑧ま　⑨ようしゅ

おうちの方へ
②「起」はへんの「そうにょう（走）」の部分から書き始め、総画数は十画です。

2 ①荷　②消　③全員・写真　④時速　⑤六秒・出発　⑥病院　⑦酒・配　⑧大西洋・島　⑨流

おうちの方へ
⑦「酒」のつくりの「酉」の部分を「西」と書かないようにしましょう。

34 きほんのドリル　P.65〜66

1 ①にばい　②べんきょう　③りょこう　④かぞく　⑤あくにん

2 ①二倍　②勉強　③旅　④旅先　⑤旅行　⑥家族　⑦悪　⑧悪人

35 きほんのドリル　P.67〜68

1 ①ちきゅう　②あきまつ　③お　④がくしゅう　⑤やど

2 ①球　②電球　③祭　④終　⑤習　⑥自習　⑦宿　⑧宿

36 きほんのドリル　P.69〜70

1 ①しょうひん　②ぶんしょう　③ふか　④すす　⑤だいさんしゃ

2 ①商売　②文章　③深　④深　⑤深海　⑥進　⑦進行　⑧第一

37 きほんのドリル　P.71〜72

1 ①ちょうめん　②きてき　③ころ　④とかい　⑤ぶしゅ

2 ①地図帳　②笛　③転　④転　⑤転校　⑥都会　⑦都合　⑧部首

38 きほんのドリル　P.73〜74

1 ①どうぶつ　②もんだい　③の　④うんどう　⑤かる

2 ①動　②動作　③問　④問　⑤飲　⑥飲食　⑦運　⑧軽

39 まとめのテスト6　P.75〜76

1 ①りょこう　②とかい　③けい　④べんきょう・すす　⑤やきゅう　⑥わる　⑦かぞく・ばい　⑧だいいち　⑨てちょう・ぶんしょう

おうちの方へ
②「都」の「阝」は、三画で書くことに注意しましょう。⑨「帳」の「巾」は、「はばへん（きんべん）」といいます。「はばへん（きんべん）」の筆順にも気をつけましょう。

2 ①笛　②部　③問　④深・宿　⑤習　⑥動　⑦都・商売　⑧飲・運転　⑨祭・終

おうちの方へ
①「笛」は「由」の部分の筆順に注意しましょう。⑨「終わる」は送りがなを「終る」としないようにしましょう。

40 きほんのドリル　P.77〜78

1 ①かいもん　②おんかい　③さむ　④あつ　⑤にがっき

2 ①開　②開会　③二階　④寒空　⑤寒風　⑥暑　⑦暑中　⑧二学期

41 きほんのドリル P.79〜80

1 ①あたた ②こすい ③くうこう ④ゆげ ⑤たいよう

2 ①温 ②温 ③気温 ④湖 ⑤港 ⑥入港 ⑦湯気 ⑧陽気

42 きほんのドリル P.81〜82

1 ①むしば ②あつ ③う ④か ⑤みじか

2 ①歯 ②集 ③植 ④植 ⑤勝 ⑥勝 ⑦短 ⑧短

43 きほんのドリル P.83〜84

1 ①き ②とうこう ③ひと ④もうひつ ⑤どうわ

2 ①着 ②着 ③着地 ④登 ⑤登校 ⑥等 ⑦毛筆 ⑧学童

44 きほんのドリル P.85〜86

1 ①かな ②あそ ③は ④お ⑤あんき

2 ①悲 ②悲鳴 ③遊 ④遊園地 ⑤葉 ⑥落 ⑦暗 ⑧暗記

45 まとめのテスト7 P.87〜88

1 ①お・ぐら ②かいこう ③あそ ④ごかい ⑤いちがっき ⑥どうわ ⑦う ⑧は・ひと ⑨とざんぐち・つ

おうちの方へ

⑨「登山口」は登山道の入り口のことです。

2 ①悲 ②湖 ③太陽 ④湯・温 ⑤葉・集 ⑥短・筆 ⑦落下 ⑧勝 ⑨暑・寒

おうちの方へ

⑥「短い」は送りがなを「短かい」としないようにしましょう。

46 きほんのドリル P.89〜90

1 ①ちゅうい ②かんどう ③しそう ④かんじ ⑤こうぎょう

2 ①意見 ②感 ③感心 ④感想 ⑤回想 ⑥空想 ⑦漢字 ⑧工業

47 きほんのドリル P.91〜92

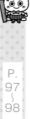

1 ①しじん ②てつどう ③のうか ④こうふく ⑤どうろ

2 ①詩 ②鉄道 ③農場 ④農村 ⑤福 ⑥福 ⑦通路 ⑧道路

48 きほんのドリル P.93〜94

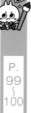

1 ①とうきょうえき ②ぎんこう ③はなぢ ④おうさま ⑤みどり

2 ①駅長 ②銀行 ③鼻声 ④鼻 ⑤王様 ⑥様子 ⑦緑 ⑧緑茶

49 きほんのドリル P.95〜96

1 ①れんしゅう ②おうてん ③そうだん ④しら ⑤ほんばこ

2 ①練 ②練 ③横 ④相談 ⑤調 ⑥調子 ⑦本箱 ⑧箱

50 きほんのドリル P.97〜98

1 ①かいかん ②ばし ③せいり ④くすりばこ ⑤だいめい

2 ①図書館 ②橋 ③橋 ④整 ⑤薬 ⑥薬 ⑦火薬 ⑧話題

51 まとめのテスト8 P.99〜100

1 ①くすり ②こうぎょう ③のうか ④よこ・いけん ⑤そうだん・ね ⑥ようす ⑦ろじょう ⑧としょかん・しら ⑨しんりょく

おうちの方へ

⑨「新緑」は春の終わりや夏のはじめの、美しい若葉の緑のことです。

2 ①問題・整理 ②意外 ③漢字 ④福 ⑤駅 ⑥詩・感想 ⑦鉄・箱 ⑧橋 ⑨銀・鼻

おうちの方へ

④「福」の部首はしめすへんです。「ネ」（ころもへん）とまちがえないようにしましょう。

52 仕上げのテスト1 P.101

1 ①たび・りょ／旅先・旅館 ②ち・けつ／鼻血・出血 ③ひつじ・よう／子羊・羊毛 ④こと・じ／仕事・事実

おうちの方へ

①「旅先」は「たびさき」、「旅館」は「りょかん」と読みます。
②「鼻血」は「鼻」と「血」が組み合わさった言葉ですが、読みは「はなぢ」とにごっていることに気をつけましょう。
③「子羊」は「こひつじ」と読み、「子どもの羊」のことです。「羊毛」は「羊ややぎなどの毛」を指します。
④「仕事」は「しごと」と読みます。「事実」は「じじつ」と読み、「実際にあったことがら」の意味です。

2 ①転がす ②苦しめる ③起こす ④助ける ⑤進める ⑥始める

おうちの方へ

高学年になってから習う自動詞、他動詞のちがいを問題にしています。
ここでは、「……を」という動作の受け手を表す言葉とともに使われる別の動詞に直します。動作の受け手を表す言葉を必要とする言葉（他動詞）には、他に「開ける」「落とす」などがあります。思いつきにくい場合は、「グラウンドにボールが転がる。」→「グラウンドにボールを転がす。」のように、文の形にして考えてみるとよいでしょう。
これらの言葉は、「開ける」・「開く」、「落とす」・「落ちる」のように、「……が」という言葉とともに使われる言葉（自動詞）があり、組になっています。設問では、上に書かれている「転がる」「苦しむ」などの言葉がそれにあたります。したがって、このような問題では、組になっている言葉を合わせて考えるとよいでしょう。

53 仕上げのテスト2 P.102

1 ①鼻 ②花 ③歯 ④葉 ⑤相 ⑥想 ⑦回 ⑧階 ⑨界

おうちの方へ

①～④は同訓異字、つまり、訓が同じ漢字の問題です。
⑤～⑨は同音異義語、つまり、音が同じ漢字の問題です。⑤「相談」は「そうだん」、⑥「感想」は「かんそう」と読みます。

2 ①安い ②勝つ ③楽しい ④終わる ⑤短い ⑥悪い ⑦寒い ⑧重い

おうちの方へ

反対の意味の言葉は、「明るい」「暗い」の二つの言葉に「明暗」という熟語があるように、それぞれの言葉にふくまれる漢字で、熟語をつくることができることが多くあります。
①「高い薬」の反対は「安い薬」です。
②「勝ち負け」「勝負」という言葉から考えます。
③「苦しみと楽しみ」という意味を表す「苦楽」という言葉があります。
④「終始」は、「始めと終わり・始めから終わりまでずっと」という二つの意味を表す言葉です。
⑤「長短」という熟語があります。
⑥「よい」の反対は「悪い」です。
⑦「寒暑」という熟語があります。「寒さと暑さ」という意味です。
⑧「軽重」は「けいちょう」と読み、「重いことと軽いこと、とるにたらないこと」という二つの意味があります。

54 仕上げのテスト3

P. 103

1 ①ぬし ②おも ③しゅ ④たい ⑤ひら
⑥びょう ⑦くる ⑧にが ⑨く ⑩もの
⑪ぶっ ⑫もつ

おうちの方へ

①～③「主」には、「シュ・（ス）」という音読みのほか、「ぬし・おも」という訓読みがあります。

④～⑥「平」には、「ヘイ・ビョウ」という音読みのほか、「たい（ら）・ひら」という訓読みがあります。「ヘイ」という音読みをする熟語としては、「平面」「平行」などがあります。

⑦～⑨「苦」には、「ク」という音読みのほか、「くる（しい）・にが（い）」などの訓読みがあります。

⑩～⑫「物」には、「ブツ・モツ」という音読みのほか、「もの」という訓読みがあります。

2 ①注・泳・流 ②投・持・拾 ③柱・根・植 ④礼・神・福 ⑤係・倍・住 ⑥悲・想・感 ⑦詩・談・調 ⑧級・終・練

おうちの方へ

①「さんずい（氵）」の漢字です。
②「てへん（扌）」の漢字です。
③「きへん（木）」の漢字です。
④「しめすへん（ネ）」の漢字です。「ころもへん（衤）」と似ているので注意しましょう。
⑤「にんべん（亻）」の漢字です。
⑥「こころ（心）」の漢字です。
⑦「ごんべん（言）」の漢字です。
⑧「いとへん（糸）」の漢字です。

55 仕上げのテスト4

P. 104

1 ①ア開店 イ回転 ②ア委員 イ医院
③ア休息 イ急速 ④ア消火 イ消化

おうちの方へ

①「開店」は「店を開けること」を意味する言葉です。

②「医院」は「小さい規模の病院」を意味する言葉です。

③「休息」は「体を休める」という意味です。

④「消化」は「食べた物が体の中でこなれて、栄養が吸収されること」を意味する言葉です。

2 ①宀・うかんむり ②頁・おおがい ③土・つちへん ④口・くち ⑤月・つきへん
⑥辶・しんにょう（しんにゅう）

おうちの方へ

部首を問う問題です。

④「もんがまえ」とまちがえやすいので気をつけましょう。

⑤「つきへん」と同じ形の部首でも、「腹」や「肺」のように「にくづき」とよばれる部首もあるので気をつけましょう。

⑥「運」は、「軍」の部分を先に書き、「しんにょう」の部分をあとに書くことに注意しましょう。

読み方さくいん

✪三年生で習う漢字を、音読みのじゅんにならべています。
✪音読みがない漢字や、小学校で音読みを習わない漢字は、くん読みをのせています。